essentials

Springer essentials sind innovative Bücher, die das Wissen von Springer DE in kompaktester Form anhand kleiner, komprimierter Wissensbausteine zur Darstellung bringen. Damit sind sie besonders für die Nutzung auf modernen Tablet-PCs und eBook-Readern geeignet. In der Reihe erscheinen sowohl Originalarbeiten wie auch aktualisierte und hinsichtlich der Textmenge genauestens konzentrierte Bearbeitungen von Texten, die in maßgeblichen, allerdings auch wesentlich umfangreicheren Werken des Springer Verlags an anderer Stelle erscheinen. Mit Vorwort, Abstracts, Keywords, Quellen- und Literaturverzeichnis bekommen die Leser „self-contained knowledge" in destillierter Form: Die Essenz dessen, worauf es als „State-of-the-Art" in der Praxis und/oder aktueller Fachdiskussion ankommt.

Jan-Philipp Küppers · E. W. Udo Küppers

Hochachtsamkeit

Über unsere Grenze des Ressortdenkens

Jan-Philipp Küppers
E. W. Udo Küppers

Stuttgart/Bremen
Deutschland

ISSN 2197-6708 ISSN 2197-6716 (electronic)
essentials
ISBN 978-3-658-11592-0 ISBN 978-3-658-11593-7 (eBook)
DOI 10.1007/978-3-658-11593-7

Die Deutsche Nationalbibliothek verzeichnet diese Publikation in der Deutschen Nationalbibliografie; detaillierte bibliografische Daten sind im Internet über http://dnb.d-nb.de abrufbar.

Springer VS
© Springer Fachmedien Wiesbaden 2016

Gedruckt auf säurefreiem und chlorfrei gebleichtem Papier

Springer Fachmedien Wiesbaden ist Teil der Fachverlagsgruppe Springer Science+Business Media
(www.springer.com)

Vorwort

Hochachtsamkeit ist als eine Orientierungshilfe[1] für diejenigen gedacht, die an einem durchschnittlichen Tag über komplexes Hintergrundrauschen verdrossen sind und schließlich ihren vorformatierten Abwehrmechanismus bemühen: „Es hängt alles irgendwie zusammen – das ist viel zu komplex!", oder „Ich bleibe bei meinem bewährten Vorgehen – das habe ich schon immer so gemacht". Warum also Risiken eingehen, wenn doch alles so gut läuft? Wahrscheinlich kennen Sie dieses konfuse und planlose Gefühl, sich im Labyrinth der Undurchschaubarkeit zu verirren.

Hochachtsamkeit soll zu kritischem Denken anregen, aber auch die vertrackten Wege unserer Denkmuster aufzeigen und wohin sie führen können.

Dass „alles irgendwie zusammenhängt", ist keine besonders helle Einsicht, sondern oft ein Verzicht auf dieselbe. Tatsächlich lässt sich kein Problem der gegenwärtigen Gesellschaftsentwicklung (und die Sorgenliste ist lang) auf dem gewohnten Rastplatz von einfachen Vorstellungen über Ursache und Wirkung erklären, geschweige denn nachhaltig lösen. Ein wesentlicher Grund dafür ist unsere eingeengte Sicht auf linear-kausale Handlungsketten und die unumstößliche Tatsache, dass in der realen Welt *immer* mehrere Ursachen eine Wirkung bestimmen und umgekehrt!

Worum geht es also beim Lesen dieses Essentials?
Gewünscht ist, dass Sie ein besseres Verständnis von hochkomplexen, rückgekoppelten Systemzusammenhängen im gesellschaftlichen und politischen Umfeld westlicher Prägung verinnerlichen. Dazu will dieses Essential einen Beitrag leis-

---

[1] Für die überaus gute Orientierungshilfe und Unterstützung bei der Erstellung des Essentials durch den Springer Verlag möchten wir uns ausdrücklich bei den Lektorinnen Katharina Harsdorf und Marta Schmidt bedanken.

ten, indem es dem Zustand der *Hoch-Achtsamkeit* („high-mindfulness") nachgeht
und ihn auf seine Brauchbarkeit für gegenwärtige und zukünftige Herausforderun-
gen befragt. Es geht dabei immer auch um Orientierung.

Dass wir es heute hingegen mit einem Orientierungsnotstand im buchstäblichen
Sinne des Wortes zu tun haben, lässt sich an vielen beobachtbaren Anzeichen von
Störungen, sei es in Naturkreisläufen, sozialen Ordnungsgefügen oder globalisier-
ten Finanzmärkten, beobachten. Wir haben somit allen Grund, uns auf die Spuren-
suche nach der verlorenen *Hochachtsamkeit* in gesellschaftlichen und politischen
Systemen zu begeben. Begleiten Sie uns dabei.

Handwerkszeuge, Prüfsteine, Schauplätze und Reflexionen leiten Sie dabei ko-
härent durch den Text:

*   *Handwerkszeuge* sind Problemlösungswerkzeuge, die helfen, die Dinge wie-
    der „ins Lot" zu bringen. Wir verstehen sie als praxisfähiges Wissen, geleitet
    von grundlegenden theoretischen Entwürfen für neue Anwendungen, die unsere
    vorherrschenden Denk- und Sichtweisen in Frage stellen. Neues Denken in Zu-
    sammenhängen ist gefordert! Schon Albert Einstein erkannte: Probleme lassen
    sich nicht mit demselben Denkansatz lösen, durch den sie entstanden sind.
*   *Prüfsteine* sind, um das Bild des Handwerkers nicht zu verlassen, vergleichen-
    de Muster, Schablonen oder Maßstäbe, an denen man sich während der Arbeit
    (oder in Arbeits- und Organisationsabläufen einer Institution) orientieren kann.
*   *Schauplätze* sind Baustellen oder wie hier politische Handlungsfelder, wo das
    erlernte Wissen – das Handwerkszeug – zur praktischen Anwendung gelangt.
    Anhand von zwei Schauplätzen, die als dynamische Komplexphänomene zu
    interpretieren sind, soll dies verdeutlicht werden.
*   *Reflexionen* beschließen das Ende des Essentials, nicht jedoch deren Geschich-
    te, die es in der gebotenen Kürze versucht zu erzählen. Über unsere hochkom-
    plexen politischen Hintergründe und Zusammenhänge nachzudenken, bedeutet
    auch, und darin liegt die Hoffnung, sogar die Notwendigkeit, in Demokratien
    als „einzige politisch verfasste Gesellschaftsordnung, die gelernt werden muss"
    (Negt 2010, S. 13), die Neugestaltung zum nachhaltigen gesellschaftlichen Ent-
    wicklungsprozess mutiger als bisher zu denken. Wie sagte es Karl Marx: Die
    Philosophen haben die Welt nur verschieden interpretiert, es kommt aber darauf
    an, sie zu verändern.

Was Sie von diesem Essential erwarten können

- Ein besseres Verständnis für unsere komplexen Lebenszusammenhänge
- Hinführen zum ganzheitlichen Denken und Handeln
- Orientierung stiften als einen wichtigen Beitrag, hochachtsam zu sein
- Erkenntnisse im Umgang mit realitätsnahen Wirkungsabläufen
- Kritik- und Unterscheidungsvermögen als außerordentlich bedeutsam für politische Urteilskraft.

Inhaltsverzeichnis

Über die Autoren

Dipl.-Soz.Arb./Soz.Päd. Jan-Philipp Küppers studierte Soziale Arbeit, Politikwissenschaft und Soziologie (B.A.) in Emden, Kiel und Zürich. Sein problemorientiertes Interesse gilt der Untersuchung komplexer Zusammenhänge an den Schnittmengen zwischen ökonomischen, sozialen und politischen Handlungsprozessen. Die Schwerpunkte liegen auf Organisationsproblemen und Entscheidungsprozessen, politischer Gemeinwesenarbeit und sozialen Ungleichheitsstrukturen.

Dr.-Ing. E. W. Udo Küppers leitet seit 2001 die selbstständige Arbeitsgruppe Küppers-Systemdenken. Sein Interesse gilt Arbeiten im Grenzbereich zwischen Natur und Technik. Die Schwerpunkte seiner Tätigkeiten sind ein fehlertoleranter Umgang mit komplexen Systemen – verstärkt in Organisationen –, sowie systemisches Denken und Handeln begleitet von Wirkungsnetzanalysen für nachhaltige Praxislösungen. Thematisch ergänzt werden diese Arbeiten durch Lehraufträge an Hochschulen bzw. Universitäten zu Interdisziplinäre Kompetenz, Systemisches Organisationsmanagement sowie Systemische Bionik.

Einige Schlüsselbegriffe des Essentials – Komplexität, Orientierung, Hochachtsamkeit – wollen wir einleitend und in dieser beabsichtigten Reihenfolge kurz auf eine gemeinsame begriffliche Grundlage stellen.

- *Komplexität* beschreibt nicht nur die Grundstruktur des Lebens, sondern ist auch ein schillerndes, vieldeutiges Substantiv, das in seiner Bedeutung sehr differenziert verwendet wird. So wird komplex bedeutungsgleich mit chaotisch, kompliziert oder verwirrendem Durcheinander verwendet. Oder aber man belebt das Verständnis durch den Bezug zu konkreten Dingen: Ist ein Käfer komplex[1], ein Stuhl, eine Maschine? Das Grundmuster des Komplexitätsbegriffs – wie wir ihn hier im Essential verwenden – umfasst viele unterschiedliche Elemente, die differenzierte Rückkopplungsmechanismen aufweisen und nicht an Ort und Zeit gebunden sind.
- *Orientierung* bedeutet hier im allgemeinen Wortgebrauch „Sichzurechtfinden", sei es im eigenen Leben, in komplexen Krisensequenzen von gesamtgesellschaftlicher Tragweite oder in der Schifffahrt[2].
  Der Orientierungsprozess, wie er in komplexer Umwelt stattfinden müsste, führt durch Verknüpfungen im Dickicht zerklüfteter Wissensbestände zu neuen Sichtweisen und Erkenntnissen. Dies ist der Hinweis darauf, dass durch multikausale Zusammenhänge offengelegte Beziehungen zwischen Wissensfragmenten oftmals eine ausschlaggebende Bedeutung für den weiteren Entwicklungsprozess,

---

[1] Bereits Arthur Schopenhauer blieb die Komplexität des Käfers nicht verborgen, als dieser ihn zu der Feststellung veranlasste: „Jeder dumme Junge kann einen Käfer zertreten. Aber alle Professoren der Welt können keinen herstellen."

[2] Es kommt nicht von ungefähr, dass der Begriff „Orientierung" zunächst in der Navigationstechnik der Schifffahrt eine praktische Anwendung fand.

© Springer Fachmedien Wiesbaden 2016
J.-P. Küppers, E. W. U. Küppers, *Hochachtsamkeit,* essentials,
DOI 10.1007/978-3-658-11593-7_1

die Urteilskraft und letztlich für das Wissen zum Handeln haben. Bloßes Sachwissen reicht nicht aus. Nicht das *Was* zählt, sondern das *Wie* ist die entscheidende Komponente im Problemlösungsprozess.

• *Hochachtsamkeit* ist inzwischen fester Bestandteil verschiedener Überlegungen einer ganzen Reihe von Disziplinen, die hier nicht näher erörtert werden. Im Kontext meditativer Praxis (Hanh 2014) psychotherapeutischer und neurobiologischer Ansätze (Kaban-Zinn 2011; Heidenreich und Michalak 2009) einerseits und sozialpsychologischer (Langer 2001, 1996) und organisationaler Konzepte (Becke et al. 2013; Weick und Sutcliffe 2003; Rochlin 1993; Roberts 1989) andererseits drängt der Begriff „Achtsamkeit" ins öffentliche Bewusstsein. Ursprünglich ist Achtsamkeit auf buddhistische Meditationsriten zurückzuführen. Wir wollen auf die Bedeutung von Hochachtsamkeit in *Organisationen* aufmerksam machen. Wir versuchen, durch ein besseres Verständnis von *Organisationsstrukturen und darin stattfindenden Arbeitsprozessen* dort alternative Orientierung zu stiften, wo wachsende Krisenfelder von dominanten Umgangsformen berichten und konfliktreiche Spannungsfelder entstehen lassen, an denen Organisationen, ihre Strukturen und Abläufe nicht gänzlich unbeteiligt sind. *Achtsam* bzw. *hochachtsam* zu sein heißt für uns, die urteilsfreie Aufmerksamkeit auf Gegenstände, Abläufe und Situationen zu lenken, diese im Entwicklungszusammenhang auf sich wirken zu lassen, um somit verborgene Verbindungen zu entdecken.

Handwerkszeuge

2

Die Werkzeuge des alten Schuhmacher-Handwerks sind leicht aufzulisten: Hammer, Beißzange, breite und schmale Zwickzangen, Raspel und dergleichen mehr. Die Frage, welche Handwerkszeuge es uns ermöglichen, Vorgänge in komplexen dynamischen Systemen zu verstehen, ist weit anspruchsvoller.

2.1 Das Dementi der Realität

„Politik beginnt mit der Betrachtung der Wirklichkeit." Zu diesem Satz des Sozialdemokraten Kurt Schumacher gehört auch, die Unbestimmtheit, Komplexität und Intransparenz als Grundtatsache der Wirklichkeit anzunehmen. Sie zu leugnen, zu banalisieren, zu isolieren oder anderswie in Abrede zu stellen, wird mit an Sicherheit grenzender Wahrscheinlichkeit zu falschen Schlussfolgerungen führen und Problemlösungen im gesellschaftspolitischen Kontext durch unvermeidliche Folgenabschätzungen zusätzlich erschweren.[1]

Komplexität ist oft eine Ausrede für die beklemmende Unruhe und Undurchschaubarkeit verwickelter Zusammenhänge. Die präsenten Krisensequenzen auf den Finanzmärkten sind hierfür anschauliches Beispiel. Eine oftmals fehlende Artikulationsfähigkeit auf der Ebene des öffentlichen Diskurses trägt zusätzlich dazu bei, den politischen Orientierungsnotstand zu konsolidieren.

---

[1] Die altbekannte Metapher vom Vogel Strauß, der seinen Kopf in den Sand steckt – obwohl er es tatsächlich nicht tut – um sich der Realität zu entziehen, wird oft zitiert, wenn Probleme unüberschaubar bzw. komplex werden und Menschen sich dem nicht stellen wollen.

© Springer Fachmedien Wiesbaden 2016
J.-P. Küppers, E. W. U. Küppers, *Hochachtsamkeit,* essentials,
DOI 10.1007/978-3-658-11593-7_2

2.2   Komplexität als beständige Herausforderung

Politik ist die List der Fähigkeit, Vereinfachungen der Komplexität zu ermöglichen, ohne ihr Schicksal an das Schicksal dieser Vereinfachungen zu hängen.[2]

Wenn wir in komplexer Umwelt kluge Entscheidungen treffen wollen, brauchen wir eine weitsichtige Betrachtung (vgl. Mitchell 2008, S. 109). Dies trifft insbesondere auf unsere politisch Handelnden zu, die in dieser komplexen durch Rückkopplungen geprägten Welt agieren und auf Grundlage der besten verfügbaren Informationen weitreichende Entscheidungen treffen müssen und damit die gesellschaftliche Wirklichkeit gestalten – sei es zum Guten oder sei es zum Schlechten. Die Komplexität wird damit zum Bezugsproblem politischen Handelns im 21. Jahrhundert.

2.2.1   Definitorische Annährung an die Komplexität

Einschlägige Recherchen führen zu einer Vielzahl von zumeist abstrakten und übergreifenden Definitionen des anspruchsvollen Begriffs. Für den Risikoforscher Ortwin Renn ist Komplexität etwas anderes als Kompliziertheit. Komplex bedeutet, „dass zwischen Ursache und Wirkung viele andere Einflussfaktoren, sogenannte intervenierende Variable, wirksam sind, die diese Beziehung entweder verstärken oder abschwächen, so dass wir aus der beobachteten Wirkung nicht ohne weiteres rückschließen können, welche Ursache(n) dafür verantwortlich ist (sind)". In diesem Zusammenhang „sind auch die Ursachen durch eine Vielzahl von Rückkopplungsschleifen miteinander verknüpft" (Renn 2014, S. 40 f.). Nicht nur den jetzigen Zustand des Systems und seiner Variablen gilt es dabei zu erfassen, sondern auch, wie sich die Situation in Abhängigkeit von bestimmten Eingriffen voraussichtlich verändern wird. Dieses „Wissen über die Art und Weise, wie die Variablen des Systems zusammenhängen, wie sie sich beeinflussen", nennt der Psychologe Dietrich Dörner *Strukturwissen* (1993, S. 64).

Ralf Dahrendorf (zitiert in Winkler 2015) pointierte 2003 in einem Essay: „Populismus ist einfach, Demokratie ist komplex: das ist am Ende vielleicht das wichtigste Unterscheidungsmerkmal zwischen den beiden Formen des Bezuges auf das Volk."

Die Gesellschaft ist das wohl komplexeste System unseres Lebensraumes, wenn wir die Natur selbst einmal außer Acht lassen. „Täglich erleben wir die la-

---

[2] Nach Dirk Baecker 1994, sinngemäß verändert d. d. A.

bilen Gleichgewichte in Politik, Wirtschaft und Gesellschaft", schreibt der Wissenschaftstheoretiker Klaus Mainzer (2008, S. 7), die wir in einzelne Aktionen und Reaktionen auf Grundlage ganz individueller Fähigkeiten steuern, bewerten und somit beeinflussen. Praktische Handlungsfelder von komplexen Systemen mit nichtlinearen Dynamiken sind für verschiedenste gesellschaftliche Teilsysteme vorhanden. (Küppers und Küppers 2013b; Meadows 2010; Vester 2000; Dörner 1993; Luhmann 1987; Deutsch 1966). Im Rahmen dieses Essentials ist es jedoch nicht zielführend, vertiefend auf die Komplexitätstheorie[3] einzugehen.

2.2.2 Warum wir erst anfangen, unsere Umwelt zu verstehen

Sandra Mitchell beschäftigt sich mit der erkenntnistheoretischen Komplexität des Wissens und ihrer notwendigen Betrachtungsweise, die sie „integrativen Pluralismus" (Erklärungspluralismus, Pragmatismus anstelle des Absolutismus und dynamisches Wissensverständnis) nennt. Ihre These lautet: „Komplexität […] liegt nicht außerhalb unserer Verständnisfähigkeit, sondern sie erfordert eine neue Art von Verständnis. Dieses setzt voraus, dass man genauer analysiert, in welch vielfältiger Form der Kontext die Naturphänomene mitgestaltet. Das Leben ist nicht einfach, und deshalb können auch unsere Abbildungen des Lebens, unsere Erklärungen und Theorien über seine Funktionsweise nicht einfach sein" (Mitchell 2008, S. 22).

Diese Handlungsstrategie des „anpassungsorientierten Managements" stellt eine immer wiederkehrende „Strategie der Entscheidungsfindung" dar, welche politisch als sogenannte „messbare Meilensteine" evaluiert und als politische Agenda umgesetzt werden kann. Mitchell leitet folgende drei Punkte ab (a. a. O., S. 126):

1. Risiken zur Kenntnis nehmen und handhaben
2. Unbekannte Konsequenzen bekannter Faktoren weiter untersuchen
3. Robustes anpassungsorientiertes Planen und Managen sowie andere rückkopplungsgeprägte Szenarien quantitativer Entscheidungsfindungen anwenden.

Fallbeispiele zu diffusen Bankenrettungen in der gegenwärtigen Finanzkrise zeigen deutlich: Wenn stetig höherer Kapitalfluss des Staates den Zweck verfehlt, nachhaltig stabile gesellschaftliche Verhältnisse zu schaffen, müssen die gängigen Strategien revidiert, aktualisiert, oder ergänzt werden (a. a. O., S. 127 f.). Eigent-

---

[3] In „Komplexitätstheorie" führt Roger Lewin (1996) auf seiner wissbegierigen Forschungsreise anschaulich vor Augen, wo komplexe adaptive Systeme zu finden sind und wie sich ihre emergenten Auswirkungsmuster zeigen.

lich eine Binsenweisheit! Die Politiker reagieren indes seltsam monoton mit dem Argument: *Too big to fail*, wie sich herausstellte, ein fauler Kompromiss eines schwachen Geistes. Dadurch degradieren sie sich zum Büttel der Banker. Die staatliche Macht einer „anpassungsorientierten" gesellschaftlichen Planung (Mitchell 2008) zerschmolz zusehends.

Für Dirk Baecker ist das entscheidende Kennzeichen von Komplexität die Notwendigkeit, „eine Auswahl des Wichtigen zuungunsten des Unwichtigen zu treffen", gleichzeitig jedoch zu wissen, „daß das, was heute unwichtig ist, morgen schon wichtig sein kann" (Baecker 1994, S. 113).

2.2.3 Das Dilemma der Reduktion von Komplexität

Wird Komplexität als Problem wahrgenommen, so ist ein Standardreflex ihre Vereinfachung. Er ist riskant und unumgänglich zugleich. Riskant, weil mögliche wichtige Nebeneffekte ignoriert werden; unumgänglich, weil dadurch das anerzogene und dominante kausale Verständnis zum Tragen kommt. Zu Letzterem werden Politiker bei ihren oft kurzfristig durchzusetzenden Entscheidungen gedrängt. Das Dilemma äußert sich zeitversetzt in Folgeproblemen kleiner und großer Dimensionen. Der Kybernetiker Heinz von Foerster erkannte frühzeitig, dass die Reduktion von Komplexität an einem Ort sie an einem anderen erhöht (Abb. 2.1). Dass Komplexität, zum Beispiel beim Autofahren, eine subjektive Größe ist, zeigt sich bei Fahranfängern und erfahrenen Fahrern. Während die erste Gruppe sich an

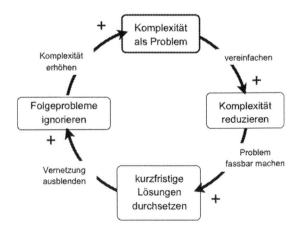

Abb. 2.1 Komplexitäts-Dilemma im konfliktreichen „Rückkopplungskreis". PLUS-Symbol: verstärkende Wirkung von … auf …

vielen Einzelmerkmalen orientiert, nutzen erfahrenen Autofahrern wenige über-
geordnete „Superzeichen" (Dörner 1993, S. 62).

2.2.4 Komplexität als Lösung begreifen

Ein Vorschlag wäre, Komplexität nicht als Problem, wie oben geschildert, zu verstehen, sondern als Teil der Lösung wahrzunehmen! Baecker verdeutlich dies kurz
gefasst an drei Punkten (1994, S. 115 f.):

1. Menschen fällt es wesentlich leichter, aus einem komplexen Sachverhalt heraus
   zu einem dann darauf angewiesenen stabilen und klaren Verständnis bzw. Verhalten zu kommen, als wenn die Materie bereits überschaubar, berechenbar und
   damit weniger spannend wäre. Klares ist selten realistisch!
2. Die Komplexität als Lösung geht mit der *Fehlerfreundlichkeit* im Sinne von
   Christine und Ernst Ulrich von Weizsäcker (1984) einher. Die Anatomie komplexer Systeme ist zumeist lose gekoppelt, sodass Störungen nicht wie in ver-
   einfachten hierarchischen Systemen gleich das ganze System befallen und in
   seiner Effizienz blockieren.
3. Komplexe Systeme sind Systeme, die auf wechselseitige Beobachtungen Wert
   legen, das heißt, dass sie „kontingente und riskante Entscheidungen" treffen,
   während die anderen darüber wachen, was bei diesen Entscheidungen ggf.
   übersehen wurde.

Der Systemtheoretiker Niklas Luhmann sieht in der Funktion des *Vertrauens* eine
soziale Handlungsmöglichkeit zur Reduktion einer nicht zu beherrschenden äuße-
ren Komplexität. „Alltäglich vertraut man in dieser Selbstverständlichkeit" (Luhmann 2009, S. 1). In diesem Sinne lautet Luhmanns These, dass Vertrauen die
Ungewissheit und stetig anwachsende Komplexität reduziert, die von modernen
Gesellschaften hervorgebracht und verursacht werden.

Insbesondere im Politischen bleibt vertrauensvolles Handeln ein sensibles
Wagnis. „Ich glaube an eine allgemein verständliche öffentliche Debatte, aber ich
möchte nicht, dass diese Verständlichkeit auf Kosten der Komplexität geht. Wir
sehen uns heute Problemen gegenüber, auf die es keine einfachen Antworten gibt.
Und wenn ein politischer Führer behauptet, er könne mit der Kraft seines Willens
diese Komplexität vereinfachen, dann ist der Augenblick gekommen zu protestie-
ren und ihm eine Lektion zu erteilen" (Dahrendorf 2002, S. 116; Abb. 2.2).

Abb. 2.2 Komplexi-
täts-Akzeptanz im
Verständnis fördernden
„Rückkopplungskreis"

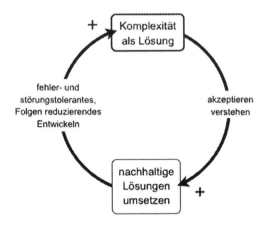

2.3   Metaheuristik vernetztes Denken: Orientierende Zusammenhänge stiften

Der gewöhnliche Begriff *Zusammenhang* (oder Kausalität) steht in diesem Essential an zentraler Stelle. Abgeleitet vom lateinischen „causa" für Ursache wird damit die Beziehung zwischen Ursache und Wirkung bzw. Aktion und Reaktion beschrieben. Erinnern Sie sich dabei an die Kausalkette von fallenden Dominosteinen, wenn der erste Stein angestoßen wird.

Das Systemziel „störungsfreier Stadtverkehrsfluss" kann nicht allein durch die Zahl der PKW gesteuert werden. Öffentlicher Nahverkehr und mobile Navigationssysteme, Lichtsignalanlagen und elektronische LED-Leuchttafeln, Baustellen und Umleitungen, geographische und orographische Lage, Fußgänger und Radfahrer u. v. m. beeinflussen ebenso den dynamischen Prozess. Ohne diesen vernetzten Zusammenhang zu berücksichtigen, ist das System nicht wirklich begreifbar, geschweige denn lösbar.

Der Sozialphilosoph Oskar Negt formuliert die Fähigkeit, Zusammenhänge herzustellen, als wesentliches Ziel des „exemplarischen Erfahrungslernens". Im Rang gesellschaftlicher Schlüsselqualifikationen positioniert sie sich ganz oben als Metakompetenz einer spezifischen Denkweise, die alles umfasst, „was unter Lernen, Begreifen und Bildung im anspruchsvollen Sinne heute zu verstehen ist" (Negt 2010, S. 207). Folglich ist für Negt orientierendes Denken gleich konkretes Denken, und konkretes Denken ist Denken in Zusammenhängen (a. a. O., S. 217).

Zwar gibt es kein standardisiertes Vorgehen, um Zusammenhänge herzustellen, doch lässt sich festhalten, dass aller Anfang im kritischen Urteilsvermögen steckt.

2.3.1   Kritik- und Unterscheidungsvermögen

Das politische wie historische Vermächtnis des Historikers Tony Judt „Dem Land geht es schlecht" beginnt mit dem Satz „Irgendetwas ist grundfalsch an der Art und Weise, wie wir heutzutage leben" (2011, S. 11). Sein kraftvolles Traktat, das viel mehr Beachtung im Zusammenhang mit unserer Unzufriedenheit verdient, als es gegenwärtig bekommt, versteht der Autor als eine Orientierungshilfe für diejenigen, vor allem jungen Menschen beidseits des Atlantiks, „die Einwände gegen unsere Lebensweise artikulieren wollen" (a. a. O., S. 184). So trivial es auch oftmals klingen mag, wer Kritik übt, und nichts anderes ist es, wenn Judt wegen der unerträglichen Leichtigkeit der jüngeren Politikergeneration über Alternativen nachdenkt, entwickelt bereits ein kritisches Selbstdenken.

> Fragen Sie nach Belegen für in den Raum gestellte Behauptungen; fordern Sie Argumente für ideologisch verbohrte Thesen; entlarven Sie von Ressentiments motivierte Selbsttäuschungen (die häufig aufgrund der Ideologie politischer Korrektheit unterstützt wird; s. Strenger 2015); haben Sie entschlossen Lust auf Widerstand gegen kritiklosen blinden Gehorsam (Gruen 2014); hinterfragen Sie voreingenommene Behauptungen und verzerrte Sichtweisen; kämpfen Sie nicht in tragischen Fußnoten, sondern haben Sie Mut, Ihre Kritik, Ihr eigenständiges Urteilen geradlinig in die offene Diskussion zu tragen (räumen Sie dabei auch dem verpönten Gefühl der Wut genügend Platz ein, anstatt die Gemüter zu beruhigen; s. Kastner 2014); motivieren Sie andere, ihre lebendige politische Meinung beizusteuern und sie argumentativ zu verteidigen; stellen Sie das aufklärerische Toleranzprinzip wieder vom Kopf auf die Füße, anstatt Toleranz der Intoleranz gegenüber walten zu lassen (Popper 1992, S. 333), und vieles mehr.
>
> Wenn wir nicht begreifen, warum es notwendig ist, auch die eigene Meinung zu ändern, wenn es überzeugende Argumente gibt, dann deswegen, weil wir verlernt haben zu hinterfragen.

Ein Nachdenken über Alternativen bedeutet, sich mit diesen auseinander zu setzen. Dies gilt nicht zuletzt auch für die Suche nach wirksamen Organisationsformen in komplexer Umwelt. Wiederholt zeigt die Natur, wie sie dafür perfekte Lösungen entwickelt hat.

Vorbildhafte Organisationsprinzipien finden wir zum Beispiel während der komplexen Arbeit im Bienenstock. Die raffinierten Mechanismen – Verhaltensweisen, Kommunikationssysteme und Rückkopplungsschleifen – kollektiver demokratischer Entscheidungsfindungsprozesse des Honigbienenschwarms über den geeigneten Nistplatz gleichen nämlich im Wesentlichen einem „Wettbewerb zwischen Alternativen" (Seeley 2014, S. 16). Die kritische Urteilskraft zu schulen und zu entwickeln ist eine Voraussetzung jener erweiterten Handlungsspielräume, die der Gesellschaft Anpassungsfähigkeit und Veränderungsbereitschaft verschafft, um so auch eine neue Wertvorstellung zu begünstigen.

2.3.2 Die Aufgabe unseres Denkens

Im Jahr 2005 hielt David Foster Wallace vor dem Abschlussjahrgang des Kenyon College eine berühmt gewordene Rede: „„Selber denken lernen' heißt in Wirklichkeit zu lernen, wie man über das *Wie* und *Was* des eigenen Denkens eine gewisse Kontrolle ausübt" (Wallace 2012, S. 18). Also die Entscheidung darüber, *wie* Sie die Dinge sehen wollen. Reicht Ihnen das getrennte additive Verfahren von Ereignissen in den Nachrichtensendungen aus, sinnstiftende Orientierung zu erhalten? Andererseits, worüber lohnt es sich nachzudenken? Also *was* für Ereignisse haben eine gesamtgesellschaftliche Bedeutung oder könnten diese bekommen?

Die gegenwärtigen Krisenherde, wachsende Einkommensdisparitäten, mangelnde Bildungschancen, ökologische Zerstörung, Kriege und Flüchtlingsströme stellen die etablierte Ordnung in Frage und fordern uns auf, nachzudenken: sich *neu* zu orientieren – zu sehen, was geschieht – das Mögliche in Betracht zu ziehen, die Folgen der Ereignisse und bewussten Handlungen (was bewusste Unterlassungen mit einschließt) zu vergegenwärtigen. In einem Satz: Die *Grenze des Ressortdenkens*[4] ist zu überwinden.

Leider zeigen zahlreiche Beispiele mit unstreitig hohem Problem- und Folgekosten-Anteil, wie komplexe Schienenverkehrs-, Opernbau-, Flughafenbau-, Brückenbau-Projekte u. a. m. im öffentlichen Raum, wie weiterhin konsequentes – oft monokausales – Ressortdenken zum Schaden der Gesellschaft als Ganzes praktiziert wird. Daraus lassen sich zwei Konsequenzen ableiten:

1. Denkfaulheit und Orientierungslosigkeit sowie
2. Denkstress und Orientierung.

2.3.3 Denkfaulheit und Orientierungslosigkeit

Der verbreitete Zustand des *Nichtwissenwollens* unserer ersten Konsequenz besteht in der Vorstellung, dass man sich dem ewigen Denkstress nicht hingeben muss oder kann.

Sie bemühen Ihre Standardeinstellung, in der Sie nicht über Alternativen zu gängigen Abläufen nachzudenken brauchen. „Endlich Boden unter den Füßen! Erlösung von der enervierenden Vorläufigkeit!", wie es der Soziologe Gerhard Schulze (2011, S. 207) tröstlich formulierte. Zur Vorsorge gegen diese geistige Überlastung zog man Grenzen in Organisationen, in deren Arbeitsabläufen und

---

[4] So sind auch die Inhalte dieses Essentials an kein spezielles „Ressort", keine traditionellen Wissenschaftsdisziplinen gebunden, sondern ressortübergreifend angelegt.

Verwaltungen. Man versäumte aber, die Grenzen im Sinne ganzheitlicher – gesellschaftlicher – Lösungen durchlässig zu machen. „Die Teilung in Ressorts hört auf", so formulierte es bereits 1960 der Philosoph Karl Jaspers, „wo die Lenkung aller Ressorts notwendig wird, damit jedes Ressort für sich gedeihen kann" (Jaspers 1960, S. 28), und das ist der Fall, wenn wir über morbide geopolitische Entwicklungen, sei es unser paradoxes Verhältnis zur Natur, soziale Fragestellungen, abgekoppelte Finanzsysteme oder internationale Flüchtlingsströme nach Europa nachdenken.

> Der intellektuelle Müßiggang zeigt sich dort, wo die nötige Kenntnis über Zusammenhänge geleugnet wird, womit das Kriterium der verantwortliche Meinungsbildung nicht erfüllt sein dürfte.

Der Zustand der Orientierungslosigkeit tritt dort offen zutage, wo grenzüberschreitende Wissensvernetzung nicht stattfindet, wo monokausales Planen und Entscheiden die Wirkung *einer* Ursache zuordnen und keine Fragen nach dem *Wie* und *Warum* aufkommen. Fehlt der Zusammenhang, bekommen wir es mit einem Orientierungsnotstand zu tun, dessen unachtsame Entwicklung in die aktuelle Sackgasse geführt hat (s. dazu Abschn. 4). Einen neuen kritischen Blick auf den Orientierungsauftrag im Bereich der Erziehungs- und Bildungsfragen wirft Negt in seiner Streitschrift „Philosophie des aufrechten Gangs" (2014). Für Rita Süssmuth hat Bildung oftmals etwas mit der „Überwindung überholter Ideologien" gemein (2015, S. 153–180).

2.3.4 Denkstress und Orientierung

Unsere Verführbarkeit zur Ruhe ist unserem Schicksal – der Unruhe des Denkens – unterlegen. Denn neu erworbene Wissensbestände und Sinnzusammenhänge konfrontieren uns stetig mit neuem Unwissen, sodass unser Denken langfristig dem „Gesetz der Fragedynamik" unterliegt (Schulze 2011, S. 207).

Anschaulich gesprochen öffnen Sie eine Tür und glauben, ihr Ziel erreicht zu haben. Unverhofft landen Sie aber in einem Flur mit weiteren Türen. Dieser Flur steht für das potenzierte Unwissen. Die Schlüsselqualifikation besteht dann darin, die richtige Tür zu öffnen, um mit vervollständigtem Wissen verborgene Zusammenhänge zu erfassen. Die beschwerliche Leidensgeschichte des lebenslangen Lernprozesses spiegelt sich in dieser endlosen Flurgeschichte wider und findet ihr Pendant auch in detailreichen Forschungsergebnissen verschiedener Wissenschaften.

Um mit der Differenziertheit und Komplexität heutiger Verhältnisse zurechtzukommen, sind Sachwissen und Orientierung essenziell (Negt 2014, S. 19 ff.). Bloßes Wissen reicht in heutigen komplexen Zeiten nicht aus, um orientiert zu sein (a. a. O.).

Wer statt durch ein Teleobjektiv durch ein Weitwinkelobjektiv schaut, wird erweiterte periphere Handlungsbereiche mit in den Blick nehmen können. Beispielhaft dafür ist der biokybernetische Denkansatz von Frederic Vester (2000, S. 100). Einen ähnlichen Denkansatz vertritt der Systemdenker Joel de Rosnay in seinem Buch „Das Makroskop" (1979). Der Blick auf die realen Zusammenhänge wird klarer erkennbar und nicht wie vorher nur als isolierter Ausschnitt fokussiert sichtbar.

Ein prägnantes Beispiel dazu ist Kurt Tucholskys kurze Satire „Affenkäfig", die durch einen raffinierten Perspektivwechsel jeweils die Sichtweisen der Affen und der Besucher in Berlins Zoologischem Garten einnimmt und damit die Frage aufwirft, wer sich hier buchstäblich zum Affen macht: „Wie gut, dass die alle hinter Gittern sind!" (vgl. Tucholsky 1984, S. 24 f.).

> Orientierende Zusammenhänge als Metaheuristik sind unumgänglich in der Fragendynamik riskanter politischer Entscheidungen!

2.4   Denken in Evolutionsprinzipien

2.4.1   Evolution: Achtsames Überleben des Geschicktesten

Darwins berühmter und oft zitierter Ausdruck „Kampf ums Dasein" hat er selbst „[…] in einem weiten und metaphorischen Sinne […] eingeführt" (Sauer 1998). Vielleicht ist dies auch der Grund, dass der Ausdruck noch heute im allgemeinen Sprachgebrauch oft fälschlich mit einem Kampf um die stärkste, schnellste, höchste, größte Position verwendet wird, was die eigentliche Bestimmung überdeckt.

Wird der Ausdruck demgegenüber scharf und bestimmt angewendet, wie es Darwin in der Hauptsache getan hat, „[…] so müssen wir denselben beschränken auf die gegenseitigen Wechselbeziehungen der Organismen, auf die notwendige Mitbewerbung der Organismen um die mehr oder weniger unentbehrlichen Lebensbedürfnisse" (Haeckel 1866, S. 238 f.).

Diese spiegeln sich insbesondere in den Nahrungsnetzen der Natur wider, die – wie uns täglich vor Augen geführt wird – durch uns selbst in zunehmendem Maß zerstört werden! Eine seit Millionen von Jahren bewährte, ausgeklügelte, qualitativ hochwertige und quantitativ angepasste natürliche Entwicklung – *long term headed* – wird durch Menschen mit kurzsichtigen Entwicklungsstrategien und Zielen – *short term missent* – nach und nach dezimiert. Der zunehmende Verlust von Organismen und die Zerstörung von deren überlebensnotwendigen Netzwerken nimmt uns auch die Chance, von den nach- und werthaltigen, achtsamen natürlicher Prinzipien – im weiten gesellschaftlichen Umfeld – zu lernen (Küppers 2015).

Evolutionärer gesellschaftlicher Exkurs
Eine herauszustellende Normalität evolutionärer natürlicher Prozesse ist
zugleich eine der größten Blockierer für nachhaltige Entwicklungen im
gesellschaftlichen Zusammenleben: der Umgang mit Fehlern! Die natürliche
Entwicklung beschritt durch eine Hand voll Evolutionsfaktoren (Mutation,
Rekombination, Selektion, Isolation etc., vgl. Mayr 2001) ganz offensicht-
lich einen erfolgreichen Weg, der zu individuellen und gruppendynamischen
Leistungen höchster angepasster Qualitäten führt. Eine Kultur menschlicher
Fehlerbehandlung ist dagegen nicht selten verknüpft mit hohem Termin-
druck. Computerisierte Programme helfen über Kausalketten-Logik Fehler
schnell zu finden und zu eliminieren (Beispiel: Fehlerdiagnosesysteme von
PKW). Jedoch scheitert diese Fehlersuchmethode bei komplexen Prozessen.
Langzeitstrategien der Natur und Kurzzeitstrategien der Menschen stehen
sich gegenüber. Es ist keine Frage, welche Handlungsweise nachhaltigere
und wertvollere Lösungen in ihrem „Depot" besitzt.
*Fehler – welcher Art und von wem auch immer – werden in unserer
Gesellschaft noch zu oft durch Verifizieren, also durch einen Nachweis der
Richtigkeit der getroffenen Aussage oder Methode, „verteidigt", statt durch
das richtigere Falsifizieren, einer Überprüfung der Ungültigkeit, als Irrtum
der Aussage oder Methode offengelegt!*

Hochachtsam zu sein ist keine Erfindung von Menschen! Der komplette Evolu-
tionsprozess scheint geradezu mit dem Metaprinzip Hochachtsamkeit ausgestattet.
*„Wach- und Achtsamkeits-Posten" bei Präriehunden achten auf jede Feindannä-
herung und warnen die Familien rechtzeitig. Alle Jagd- und Beutetiere üben sich in
der gegenseitigen Verbesserung ihrer Achtsamkeit, die essentielle Nahrungs- oder
Überlebenschancen bietet. Die multidisziplinäre Wissenschaft* Bionik[5] *greift auf
evolutionäre Lösungen zurück, die Achtsamkeit, Funktionalität und Effizienz perfekt
miteinander verbinden. Weitere Beispiele sind der Gruppenschutzeffekt „Schwarm-
intelligenz" von Vogel- bzw. Fischschwärmen und die Kommunikations-Koordina-
tions-Strategie der Ameisen, „Ameisenalgorithmus" genannt* (Kroll 2013).
Auf drei markante evolutionäre Organisations-Prinzipien wollen wir näher eingehen (Küppers 2008, S. 159).

---

[5] Nach einer VDI-Definition aus 1993 ist Bionik eine grenzüberschreitende Wissenschafts-
disziplin, die sich systematisch mit der technischen Umsetzung und Anwendung von Konst-
ruktionen, Verfahren und Entwicklungsprinzipien biologischer Systeme befasst.

2.4.2 Das Prinzip Selbstorganisation

Evolutionäre Systeme sind offene Systeme! Das heißt: Pflanzen, Tiere und Menschen tauschen mit ihrer Umwelt Energie, Materie und Information aus. Durch die Ableitung (Dissipation) von Energie wird jedes Individuum befähigt, eine innere Ordnungsstruktur aufzubauen, sie zu erhalten und zugleich Unordnung (Entropie) an die Umwelt abzugeben. Der letzte Transportschritt des Energieflusses ist notwendige Voraussetzung dafür, dass in offenen Systemen Ordnung entstehen kann, in denen „dissipative Selbstorganisation" stattfindet (Prigogine und Nicols 1967).

Ökosysteme wie z. B. eine artenreiche vernetzte Waldgemeinschaft betreiben auf vielfältige Weise Selbstorganisation. Durch das Zusammenwirken von unzähligen, artspezifischen und Arten übergreifenden Einflüssen entstehen sogenannte emergente Eigenschaften von Lebewesen, die zu einer qualitativ höheren Entwicklungsstufe führen. Aus Wurzeln, Blättern, Borken etc. werden Bäume, die zu Wäldern wachsen.

Prozesse der Selbstorganisation zeigen sich auch in der Physik (kooperative Bündelung von Lichtstrahlen zu einem Laser), in der Chemie (spontane Musterbildung), in der Meteorologie (spontane zeitlich begrenzte Musterbildung bei Wolken), in Gesellschaften (spontane öffentliche Meinungsbildung), in der Wirtschaft („unsichtbare Hand" und spontane Marktbrüche) und anderen organischen und anorganischen Systemen.

2.4.3 Das Prinzip Rückkopplung

Rückkopplungen in komplexer Natur bestehen immer(!) aus multifunktionalen Ursache-Wirkung-Verknüpfungen. Monokausale Verknüpfungen sind der Natur fremd. Energetisch sparsame Impulse regen vernetzte Regelungsprozesse in Organismen an und leiten sie adaptiv zu einem dynamisch-stabilen Verhalten des biologischen Systems. *Denken Sie zum Beispiel an die Regulierung Ihrer körpereigenen Temperatur auf den Durchschnittswert von 37 °C der bei Erhöhung durch Schwitzen und bei Unterkühlung durch z. B. Muskelkontraktion wieder auf den Durchschnittswert reguliert wird.*

Einer, der sich intensiv mit der Biokybernetik von Regelkreisen befasst hat, war Frederic Vester (1991a, 1984). Von ihm stammen die aus zahlreichen Studien erarbeiteten *Acht biokybernetischen Grundregeln* (Abb. 2.3; Tab. 2.1). Dazu schreibt er:

Sie alle (damit sind erkannte Gesetzmäßigkeiten der Natur gemeint) *haben sich im Rahmen der Evolutionsstrategie der Natur als die inneren Führungsgrößen über-*

lebensfähiger Systeme und Subsysteme erwiesen. Sie müssten daher auch für das System der menschlichen Zivilisation – als Teilsystem der Biosphäre – gelten und dessen Überleben und entwicklungsfähige Gestaltung weit mehr garantieren können als etwa so stupide Prämissen wie der eingleisige Zwang zum wirtschaftlichen Wachstum. (1991, a. a. O, S. 66–86)

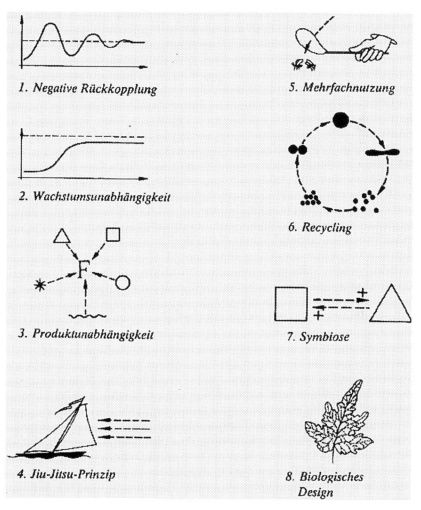

Abb. 2.3 Acht graphisch aufbereitete biokybernetische Grundregeln, original nach Vester (1991a, S. 67)

Tab. 2.1 Acht biokybernetische Grundregeln und ihre Bedeutung für die Systemdynamik nach Vester (1991a, S. 68–86, bearbeitet d. d. A.)

	Grundregel	Bedeutung für die Systemdynamik
1	Negative Rückkopplung Negative Rückkopplung muss über positive Rückkopplung dominieren	Negative Rückkopplungen stabilisieren das System gegen Störungen und Grenzwertüberschreitungen. Positive Rückkopplungen bringen die Dinge durch Selbstverstärkung zum Laufen
2	Wachstumsunabhängigkeit Die Systemfunktion muss unabhängig von der Wachstumsfunktion sein	Der Durchfluss an Energie und Materie ist langfristig konstant. Das reduziert den Einfluss von Irreversibilitaten und das unkontrollierte Überschreiten von Grenzwerten
3	Produktunabhängigkeit Das System muss funktionsorientiert und nicht produktorientiert arbeiten	Austauschbarkeit durch Funktionsorientiertheit erhöht Flexibilität und Anpassung. Das System überlebt deutlich wirkungsvoller bei veränderten Angeboten
4	Jiu-Jitsu-Prinzip Das System sollte vorhandene Fremdkräfte zum eigenen Vorteil nutzen statt sie zu bekämpfen	Externe Energienutzung wird durch geschickte Verbünde bzw. Kaskaden langer und effizienter genutzt. Eigene Energie wird als „Impulsenergie" oder Steuerungsenergie sparsam eingesetzt und fördert die Selbstregulierung
5	Mehrfachnutzung Funktionen, Produkte und Prozesse werden vielfältig genutzt	Reduziert teure Neuproduktion (Mengendurchsatz) und spart dadurch Energie-, Material- und Informations- aufwand. Zusätzlich steigt der Vernetzungsgrad.
6	Recycling Zyklische und vernetzte Kreislaufprozesse nutzen statt Mehrfachbelastungen durch parallele oder lineare Prozessen	Zirkuläre Mehrfachverwertung verschmelzen Ausgangs- und Endpunkt eines materiellen Produktionsprozesses. Sie stärkt die Unabhängigkeit von neuen und teuren Ressourcenkäufen
7	Symbiose Systemüberschreitender Austausch und Nutzen von verschiedenen Produkten und Verfahren zum gegenseitigen Vorteil	Fördert kleinräumige effiziente und effektive Austauschprozesse sinnvoll miteinander verknüpfter Materialien und Produkte. Interne Dependenzen werden gestärkt, externe kostentreibende Dependenzen werden abgebaut. Energieverbrauch wird verringert
8	Biologisches Design Nutzen von naturoptimierten lang- zeit-bewährten Qualitäten durch „Feedback"-Planung mit der Umwelt	Nutzt Resonanz und funktionelle Passformen. Berücksichtigt endogene und exogene Rhythmen. Harmonisiert die Systemdynamik. Ermöglicht neue organische Konstruktionen (u. a. Wohnen und Bauen) mit Einfluss auf Wohlbefinden und physische Stärke

2.4.4 Das Prinzip Wachstum

Die gesellschaftliche Ideologie des Wachstums elektrisiert die Menschen seit jeher! Während die evolvierende Natur geradezu gelassen damit umgeht – weil sie es kann! Weltweit fallen ca. 170 Mrd. t neuer Biomasse pro Jahr an (Gleich 2000). Es ist ein perfektes Verarbeitungsnetzwerk, das über die zirkulär verknüpften, individuellen „Werkstätten" Produzieren – Konsumieren – Wiederaufbereiten zu Rohstoffen für neue Generationen führt, ohne jeden Abstrich an stofflicher Qualität!

Mit geschätzten ca. 1,3 Mrd. t technischer Feststoffabfälle (Hoornweg 2013), darunter ca. 288 Mio. t Kunststoffe (PlasticsEurope 2013), plagen wir uns seit Jahrzehnten herum. Noch deutlicher wird die Leistungsdifferenz, wenn die Individuenzahl beider Wachstumsmanagements gegenübergestellt werden! Den bald 8 Mrd. Menschen auf der Erde stehen 2 bis 8 Mio. Arten gegenüber (Costello et al. 2013) – deren Individuenzahl – als direkte Vergleichsgröße – jedoch in die Myriaden geht!

Wenn wir in aller gebotenen Kürze biosphärisches Wachstum mit technisch wirtschaftlichem Wachstum vergleichen wollen, können wir sagen:

- *Der evolutionäre Optimierungsprozess mit dem Zielkriterium Wachstum bedeutet zuallererst angepasste Qualitätsoptimierung (mit begleitender Quantität) – ohne Wertverlust!*
- *Der technisch-wirtschaftliche Optimierungsprozess mit dem Zielkriterium Wachstum bedeutet zuallererst Quantitätsmaximierung (mit begleitender Qualität) – unter zunehmenden externen Kosten (Umwelt- und gesellschaftliche Kosten). Strategien geplanter Obsoleszenz[6] (Reuß 2014) und der gern zitierte „Rebound-Effekt"[7] tun ein Übriges!*

Die Abb. 2.4 und 2.5 zeigen anschaulich einen Weg geplanter Obsoleszenz und der damit verbundenen Folgen in zwei Schritten:

---

[6] Geplante Obsoleszenz bedeutet – unsichtbar für spätere Nutzer von Produkten – den Einbau von programmierten Verschleißteilen. Zum Beispiel wird statt eines langlebigen Metallzahnrades ein kurzlebiges Kunststoffzahnrad in eine Maschine eingebaut mit der Konsequenz früher eintretender Störungen und Folgekosten.

[7] Mit Rebound-Effekt wird ein Vorgang bezeichnet, der z. B. umweltbelastende Stoffe in Produkten reduziert, dies aber durch erhöhte Produktquantität wieder zunichtemacht und zum Teil ins Gegenteil verkehrt.

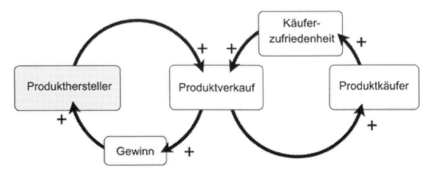

Abb. 2.4 Wachstumsarchetyp „Erfolg den Erfolgreichen". Hersteller und Käufer sind zufrieden

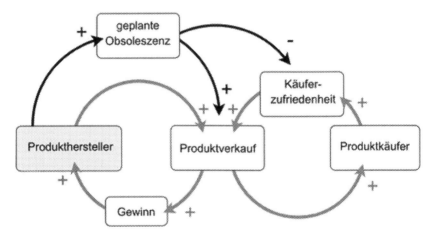

Abb. 2.5 Superpositioniertes temporäres Mehr-Wachstum gebremst durch „Grenzen des Wachstums" (aufgrund häufiger Störungen meiden unzufriedene Käufer das Produkt)

1. Zwei gekoppelte zirkuläre Wachstumsprozesse (Abb. 2.4, Hersteller und Käufer) führen zum Archetyp „Erfolg den Erfolgreichen". Der Hersteller ist mit dem Verkauf zufrieden und der Nutzer mit dem gekauften Produkt.
2. Die überlagerte Obsoleszenz-Schleife in Abb. 2.5 steigert kurzzeitig den Gewinn, führt aber zeitversetzt zu mehr Unzufriedenheit des Käufers aufgrund vermehrt eintretender Produktmängel. Das Kaufverhalten ändert sich, der Gewinn sinkt wieder. Für den Hersteller zeigen sich hier deutlich die „Grenzen des Wachstums"!

Was ist also zu tun bei derart unterschiedlichen und – auf den ersten Blick – unvereinbaren natürlichen und von Menschen gesteuerten Wachstumsstrategien? Nichts weniger als eine *Korrespondenz des Wachstums!*

Tabelle 2.2 zeigt abschließend die beiden Seiten des Transferprozesses, von einem veralteten, durch Kosten getriebenen, zu einem nachhaltigen, Werte anerkennenden Gesellschafts- und Wachstumskomplex (Henderson 1999).

Tab. 2.2 Vorhandene und neue technisch-wirtschaftlich-gesellschaftliche Sektoren nach Hazel Henderson, geändert bzw. ergänzt d. d. A.

Veraltete Sektoren nicht nachhaltig, stark entropisch	Neuentstehende Sektoren nachhaltig, gering entropisch
Industrien und Firmen die auf umfangreichen Einsatz von nicht-erneuerbaren Energien und Materialien bauen	Industrien und Firmen, die Energie, Materialen und menschliche Fähigkeiten effizient einsetzen
Bürokratisch groß und wenig flexibel	Unternehmerisch klein und flexibel
Nicht wiederverwendbare Produkte und Verpackungen	Wiederverwendbare und „intelligente" Produkte
Produkte, die aus giftigen, biologisch nicht abbaubaren, verschmutzenden Materialien bestehen, sowie Wegwerfprodukte	Biologisch verträgliche Produktstoff mit gleichzeitiger Wertschöpfung, Überwachung und Einschreitung gegen Umweltverschmutzung
Eingeplante Alterung, zeitprogrammierter Verschleiß	Erhaltung und Innovation
Chemische Pestizide, anorganische Dünger	Integrierte Schädlingsbekämpfung, schaffen von natürlichen Nahrungsketten für Produktwertschöpfung
Großmaschinelle Agrarausstattung	Organischer extensiver Landbau
Ineffiziente Kapitalinvestitionen und ineffiziente Kapitalverwertungssysteme	Größenangepasste effiziente Kapitalinvestitionen und effiziente Kapitalverwertungssysteme
Die Natur ausbeutende Industrien mit geringer Mehrwertschöpfung	Wiederaufbauende Industrien, Wiederaufforstung Landrückgewinnung, Wasser-Qualitätsmanagement, allgemein: ressourceneffizientes Management
Monokulturelle Landwirtschaft	Ökologische Landwirtschaft mit dezentraler Vermarktung
Kapital- und energieaufwendiger Tourismus	Sanfter, aktiv erlebbar Tourismus
Fossile Brennstoffe, Hochrisikotechnik Kernenergie, Zentralisierte Energiesysteme	Regenerative Energien, dezentralisierte Energiesysteme

Tab. 2.2 (Fortsetzung)

Veraltete Sektoren nicht nachhaltig, stark entropisch	Neuentstehende Sektoren nachhaltig, gering entropisch
Hochtechnisierte, Krankenhaus zentrierte medizinische Versorgung	Gesundheitsförderung und Krankheitsvorsorge
Hochgradig umgewandelte Nahrungsmittel	Naturbelassene Nahrungsmittel
Werbung die Abfall und Umweltverschmutzung stimuliert	Werbung die Wiederverwertung und Umweltverträglichkeit stimuliert durch nachvollziehbare Infrastruktur der Produkte, durch Erziehung und Ausbildung
Einkaufszentren	Lokale autonome Gemeindeplanung und Gemeinschaftsförderung
Spekulanten im Immobilien- Derivategeschäft und im industriellen Bereich	Ethisches ökologisches Investment
Große benzinvergeudende Fahrzeuge, energievergeudende Heizsysteme	Brennstoffeffiziente Motoren, Autos und Massenverkehrsmittel, dezentrale Kraft-Wärme-gekoppelte Energiesysteme

Handwerkszeuge beschreiben, dass Komplexität als unveränderbar wahr und anzunehmen ist. Die *Prüfsteine* der folgenden drei konzeptionellen Gruppen für organisationale und sozialpsychologische Achtsamkeit sind *Eckpfeiler eines Verhaltens im Umgang mit Komplexität!* An ihnen ist ablesbar, wie vorausschauend Schritte geprüft, beurteilt, umgesetzt, vermieden und gegebenenfalls alternative Wege begangen werden können.

3.1 Organisationale und sozialpsychologische Achtsamkeit

Kommunikation ist nicht nur in allen drei organisationalen und sozialpsychologischen Achtsamkeitspraktiken – die in Abb. 3.4 in den „Qualitätskoordinaten" der Hochachtsamkeit symbolisch aufgespannt werden – der Dreh- und Angelpunkt, sondern sie trägt auch maßgeblich dazu bei, *wie* das hier dargelegte Veränderungskonzept der Hochachtsamkeit systematisch zu gestalten sein wird.

   „Menschen haben die Gewohnheit, miteinander zu sprechen, was die Sache erheblich kompliziert. Ihre Interaktion führt zu einer unabsehbaren Zahl von Rückkopplungen, bei denen die Menge der Variablen exponentiell ansteigt." (Enzensberger 2009, S. 36). Für den Politikwissenschaftler Karl Deutsch beruhen Regierungsapparate und politische Parteien auf Kommunikationsprozessen, die wie alle Kommunikationssysteme von der Verarbeitung von Informationen abhängen (1966, S. 211). Diese profunde und keineswegs neue Beobachtung von menschlichen kommunikativen Beziehungen ist und bleibt Teil des achtsamen Managements von komplexen Krisen – aber eben auch ihr größter Stolperstein des Misslingens! (Becke et al. 2013, S. 55 ff.).

▷   Achillesferse jedes Veränderungsprozesses ist und bleibt das kommunikative Handeln!

© Springer Fachmedien Wiesbaden 2016
J.-P. Küppers, E. W. U. Küppers, *Hochachtsamkeit*, essentials,
DOI 10.1007/978-3-658-11593-7_3

3.2   Fünf Verhaltensmuster hoher Zuverlässigkeit

Weick und Sutcliffe (2003) erarbeiteten fünf dominante technische Prinzipien oder Merkmale hoher Zuverlässigkeit einer hochachtsamen Organisation, HAO, bzw. High Reliability Organization, HRO, im Umgang mit unerwarteten Ereignissen heraus (a. a. O., S. 22):

1. Konzentration auf Fehler
2. Abneigung gegen vereinfachende Interpretationen
3. Sensibilisierung für betriebliche Abläufe
4. Streben nach Flexibilität
5. Respekt vor fachlichem Wissen und Können

Das Zusammenspiel aller ist die *organisatorische Achtsamkeit*, wie sie Weick und Sutcliffe verstehen. In ihrem Buch beschreiben sie eindrucksvoll, wie die Unzulänglichkeiten in diesen Tugenden Unternehmen Probleme bereiteten.

Nachfolgend werden wir auf die erste von drei Gruppen bedeutender *Prüf-Merkmale hoher Zuverlässigkeit* für Organisationen, die Komplexität leben (müssen), statt sie unkoordiniert zu zerteilen, näher eingehen. Kursive Passagen verknüpfen die aus Weick und Sutcliffe übernommenen Prinzipien in Form funktionaler Prüf-Merkmale mit Praxisbeispielen.

1. Konzentration auf Fehler

Sind kleinste Fehler zu vernachlässigen? – im Gegenteil! Sie sind ein Symptom dafür, dass etwas nicht in Ordnung ist. Und wenn kleinste und kleine Fehler unglücklich zusammentreffen, dann können daraus ernsthafte Konsequenzen erwachsen. Vertraute Struktur oder Rhythmus verführen zur geistigen Trägheit, „weil sie signalisieren, dass Aufmerksamkeit nicht vonnöten sei" (Langer 1996, S. 46).

Überladende routinemäßige Aufgabenbearbeitung in öffentlichen Ämtern klassischen Zuschnitts führen – mit immer weniger Personal in immer kürzerer Zeit – zu potenziellen Fehlern und Fehlerfortpflanzungen. Angebracht wären prozessorientierte statt parallele produktorientierte Bearbeitungszyklen mit der Tendenz reduzierter Routinen und Fehler (Abb. 3.1).

Exkurs: Macht der Gewohnheit! – Ohnmacht der Nachhaltigkeit?
Routinearbeiten gehen – einmal eingeübt – leicht von der Hand. Sie erfordern keine großen Vorkenntnisse. Fließbandarbeit war und ist typische Routinearbeit in Produktionsbetrieben mit Massenproduktion. Ihre leichte, oft eintönige physische Arbeit steht jedoch einer nicht unproblematischen psychischen Belastung gegenüber. Auch aus diesem Grund werden für derartige praktische Routinearbeiten zunehmend programmierte Roboter eingesetzt.

Neben dieser klassischen praktischen Routinearbeit existiert eine weitere, weitaus effizientere Art. Sie spielt sich in unserem Neuronennetz ab. Oft unscheinbar werden wir von einem Reiz oder Impuls angeregt, dem ein Verlangen nach etwas Bestimmten folgt. Um es zu bekommen und uns somit zu belohnen, folgen wir einer Routine. Je öfter diese Routine zum erwarteten Erfolg führt, desto stärker gräbt sich der Handlungsablauf in unser Gedächtnis. Wird er zu stark, kann daraus ein suchtartiges Verhalten eintreten.

Wie schwierig es ist, bei Übergewicht abzunehmen, von einem Verlangen nach etwas Süßem abzulassen, einmal nicht korrigierte Fehler immer aufs Neue zu wiederholen und aus diesem Teufelskreis auszubrechen kennt jede Leserin und jeder Leser aus eigener praktischer Erfahrung. Und trotzdem: Mit der Macht trainierter gewohnheitsmäßiger Denkprozesse und Handlungsabläufe wird kein Problem in unserer realen komplexen Umwelt nachhaltig gelöst werden können. Hierzu bedarf es eines Aufbrechens der Routinekreisläufe durch neue, problemangepasste Lösungsstrategien.

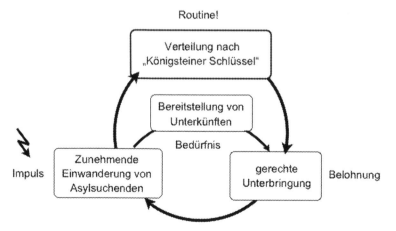

Abb. 3.1 Routine-Kreislauf in der Asyl- und Flüchtlingspolitik durch Verteilungsschlüssel

In Deutschland wird nach dem Online-Verteilungssystem „Königsteiner Schlüssel"[1], der seit 1949 existiert und ab 2005 für Asylverfahren genutzt wird, die Aufnahmekapazität von Asylsuchenden auf die Bundesländer geregelt. Perfide ist, dass die Mechanik der Verteilung 1:1 von Objekten zu Subjekten bei Politikern scheinbar keinerlei ethische Zweifel an ihrem Tun aufkommen lässt! Ob Kosten des Fernverkehrs, Sondermüll oder traumatisierte Asylsuchende: Alles gehorcht dem Königsteiner Schlüssel (vgl. Lobenstein 2015, S. 21 f.). Mark Twain (2010) schrieb dazu passend in seinem Buch „Pudd'nhead Wilson":

> Nichts bedarf dringender der Verbesserung als die Angewohnheiten anderer Leute.
> „Nothing so needs reforming as other people's habits."

2. Abneigung gegen vereinfachende Interpretationen

Gezielte Maßnahmen in Organisationen sorgen dafür, dass umfassendere und komplexere Vorstellungen entstehen. Als Mitarbeiter wird man selbst Teil der Komplexität und erhält so eine realistische Wahrnehmung der Handlungen. Zudem werden grenzüberschreitende Fähigkeiten gefördert. *In hierarchischen Organisationsgerüsten haben Mitarbeiter kaum eine Chance, sich als Teil einer echten, vernetzten Ganzheit zu sehen, bei der verantwortungs- und aufgabenüberschreitende Fähigkeiten entwickelt werden können. Fortbildungsmaßnahmen oder routinemäßige Arbeitsplatzwechsel sind kaum dazu geeignet. Sie verstärken eher mehrfaches Spezialwissen als interaktives Vernetzungswissen. Das wird nur durch systemorientierte Organisationsprozesse als Mehrwert für Mitarbeiter zugänglich.*

3. Sensibilität für betriebliche Abläufe

Aus unbewussten Fehlern resultieren oft unerwartete Ereignisse. Es ist keine Überraschung, dass sie oft erst dann entdeckt werden, nachdem Ausfälle oder Unfälle geschehen und Folgeprobleme deutlich in Erscheinung getreten sind. Regelmäßige Prüfungen des allgemeinen Zustands der Organisation sind daher unumgänglich.

Hochachtsame Organisationen schaffen einen Zusammenhang zwischen Sensibilität für Handlungen und Sensibilität für Beziehungen. Demgegenüber schürt die

---

[1] Nach dem „Königsteiner Schlüssel" wird festgelegt, wie viele Asylsuchende ein Bundesland aufgrund des dynamischen Quotenschlüssels (2/3 Steuereinnahmen, 1/3 Bevölkerungszahl) aufnehmen muss (siehe www.bamf.de unter Glossar K).

Angst von Mitarbeitern, den Mund aufzumachen, ein System von Desinformation und Konfrontation. Weick und Sutcliffe (2003, S. 26) stellen zu Recht klar:

> Wenn Führungskräfte in Organisationen nicht untersuchen wollen,
> was zwischen den Menschen vorgeht,
> werden sie nie verstehen, was in diesen Menschen vorgeht.

Personallücken in getrennten Arbeitsbereichen, geteilte Handlungsstränge mit realitätsfernen Ergebnissen oder Barrieren zwischen Dienstleitern und Bürgern in sogenannten Stadtämtern, die Unfähigkeit, auf einen plötzlich anschwellenden Kundenstrom angepasst zu reagieren, sind Zeichen eines wenig sensiblen Umgangs in Organisationen. Hier können selbstorganisierte Mitarbeiterteams ein Mittel zum Zweck sein, sensibel auf Abläufe zu reagieren.

4. Streben nach Flexibilität

Achtsame bzw. hochachtsame Organisationen verknüpfen Lernen aus Fehlern und Sensibilität für die Abläufe mit einem hohen Flexibilitätsgrad. Die notwendige Fähigkeit einer achtsamen, flexiblen Organisation ist: Fehler zu entdecken, sie zu begrenzen oder zu vermeiden und sich schnell davon wieder zu erholen. *Das Gegenteil ist oft in starren Hierarchien linearer abgestufter Verantwortungsbereiche und getrennter Aufgabenbereiche der Fall. Fehler werden gemacht und verschwiegen. Kleinste Fehler werden ignoriert oder als unwichtig „abgestempelt". Zu seinen Fehlern stehen, sie öffentlich besprechen, um gemeinsam Vorsorge gegen erneute ähnliche Fehler zu treffen, entspricht nicht durchgehend der Arbeitsmoral im öffentlichen Hierarchiedienst! Erst recht nicht in Zeiten klammer Kassen und Schließungen ganzer Behörden. Hierfür Beweise anzuführen, hieße in der Tat „Eulen nach Athen tragen".*

5. Respekt vor fachlichem Wissen und Können

In starren Hierarchien, ob in Wirtschaftsunternehmen oder bürokratischen öffentlichen Verwaltungen, neigen Fehler aus ranghöheren Ebenen oft dazu, Fehler aus rangniederen Ebenen aufzunehmen und sich zu vermischen. Fatal ist, dass dadurch Probleme größer, unverständlicher und unberechenbarer werden und leicht eskalieren können. *In hochachtsamen Organisationen wandert die Entscheidungsgewalt zu den Mitarbeitern, die das umfangreichste Sachwissen für die betreffende Aufgabe besitzen, egal wo diese hierarchisch positioniert sind! Ebenso zeigen hochachtsame Organisationen genau den Status ihrer Tätigkeit an, ob sie in normalen Zeiten (z. B. Zeiten kontinuierlichen Wirtschaftswachstums) oder stürmischen Zeiten (z. B. Wechsel von Personen oder Ämterzuschnitten durch Neuwahlen) oder in Zeiten unvorhergesehener Ereignisse (z. B. Epidemien, großtechnische Katastrophen oder gesellschaftliche Umwälzungen wie derzeit die Flüchtlingskrise) operieren.*

3.3 Fünf Disziplinen lernender Organisationen

Die zweite Gruppe bedeutender Prüf-Merkmale hoher Zuverlässigkeit adaptiert die fünf *Disziplinen der lernenden Organisation* nach Peter Senge (2011), deren Ersterscheinen bereits 20 Jahre zurückliegt. Jedoch dringt die Bedeutung der fünf achtsamen organisatorischen Merkmale (Prüfsteine) für eine nachhaltige Weiterentwicklung erst mit großer Verzögerung in unser Bewusstsein und folglich in praktische Resultate, zumindest wenn wir die deutsche und europäische Region betrachten.

1. Systemdenken
2. Personal Mastery (Selbstführung und Persönlichkeitsentwicklung)
3. Mentale Modelle
4. Gemeinsame Visionen entwickeln
5. Team-Lernen

1. Systemdenken

Systemdenken ist die integrative Disziplin, die alle miteinander verknüpft und sie zu einer ganzheitlichen Theorie und Praxis zusammenfügt. Sie verhindert, dass einzelne Disziplinen zu isolierten technischen Spielereien verkommen oder einfach als neuester Mode-Tick der Organisation abgetan werden [...]. (Senge 2011, S. 23)

> ⋙ Systemdenken wird somit als ein Kriterium offenbart, das eine herausgehobene Stellung im Erkennen und Problemlösen komplexer Zusammenhänge – in Zeiten normaler störungsfreier Prozesse, aber erst recht in Zeiten von dynamischen Umbrüchen – besitzt und das alle drei genannten Prüfgruppen tangiert.

Systemdenken fordert die Bereitschaft, über den eigenen Fachhorizont zu blicken, insbesondere dann, wenn man glaubt etwas zu wissen. Bildlich gesprochen bedeutet dies: die eingeengte perspektivische Sicht vom Bürostuhl am Schreibtisch zu verlassen und auf denselben zu springen, wie es der Englischlehrer John Keating – gespielt von Robin Williams – im Film „Der Club der toten Dichter" (Kleinbaum 1989, S. 60) tat!

Abb. 3.2 Kausal-Verständnis beim Problemlösen komplexer Probleme (nach Vester 1991b, Suppl.), (geändert d. d. A.)

Es ist schlicht unmöglich, die funktionale Vernetzung eines Waldes durch die Anzahl seiner Bäume, oder – holzwirtschaftlich – durch die Raummaßzahl Festmeter zu erklären – geschweige denn zu messen! Ebenso ist es schlicht unmöglich – obwohl es immer wieder versucht wird –, den Wohlstandsfortschritt eines Landes am Bruttoinlandsprodukt – BIP – messen zu wollen.

2. *Personal Mastery*

„Personal Mastery bedeutet, dass man seine persönliche Vision kontinuierlich klärt und vertieft, dass man seine Energie bündelt, Geduld entwickelt und die Realität objektiv betrachtet" (Senge 2011, S. 17). Eingeengtes Hierarchiedenken ist nicht der Vater von Geduld, Weitblick und Realitätsbetrachtung (Abb. 3.2, siehe auch Beispiel aus 3.3, Punkt 1). Denn diese setzen wechselnde Sichtweisen auf Probleme (Abb. 3.3) voraus, die in parallel und monoton ablaufenden Arbeitsprozessen hierarchischer Organisationen selten bis gar nicht vorkommen.

Als Problemlöser bleiben wir im eigenen „Dunstkreis" gefangen. Wir erfahren wenig über unser eigenes Problemverhalten und laufen „fortschrittlichen" Lösungen der Konkurrenz hinterher, die wir versuchen einzuholen. Dabei denken wir konstruktivistisch, produktorientiert und technokratisch – in einem Wort: *deterministisch*.

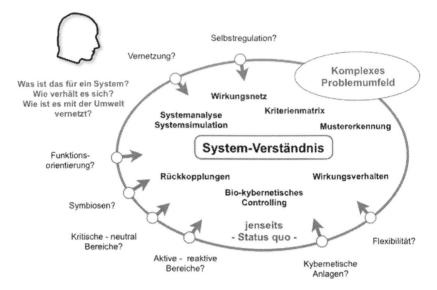

Abb. 3.3 System-Verständnis beim Problemlösen komplexer Probleme (nach Vester 1991b, Suppl.), (geändert d. d. A.)

Mit dieser in Abb. 3.3 gezeigten *realistischen* Sicht auf Probleme treten wir als Problemlöser aus dem eigenen „Dunstkreis" heraus. Wir betrachten das Problem von einer übergeordneten Position. Dabei denken wir evolutionär, ganzheitlich, kybernetisch – in einem Wort: *probabilistisch*.

3. Mentale Modelle

„Mentale Modelle sind tief verwurzelte Annahmen, Verallgemeinerungen oder auch Bilder und Symbole, die großen Einfluss darauf haben, wie wir die Welt wahrnehmen und wie wir handeln" (Senge 2011, S. 18). Wenn wir systemisches Denken und Handeln als etwas begreifen, das sich an wechselnde Einflüsse aus der Umwelt oder aus der Organisation selbst achtsam anpasst, dann müssen auch mentale Modelle in uns diesen Wechsel mitvollziehen.

Vorurteile beliebiger Art sind beispielsweise Spiegelbilder mentaler Modelle, die teils tief in unseren Neuronennetzen superpositioniert sind und nicht selten auf falsch gezogenen Schlussfolgerungen oder Halbwahrheiten basieren. Kaum ein Mensch ist davon frei! Der Grenzbereich der Disziplin Mentale Modelle „liegt

[…] in der Schaffung einer innovativen Infrastruktur, in der Arbeit mit mentalen Modellen stattfinden kann" (Senge et al. 1996, S. 275).

Der monatelange Streit der Gewerkschaft der Lokomotivführer (GDL) mit der Deutschen Bahn (DB) förderte beispielhaft vorurteilsbehaftete mentale Modelle zutage. Ob die von der Deutschen Bahn im Juli 2015 angekündigte Strukturänderung wirklich zu hochachtsamen neuen mentalen Modellen führen wird, bleibt abzuwarten.

4. Gemeinsame Visionen entwickeln

Apple verwirklicht Visionen! MacBook, iPod, iPhone, und iPad sind die Beweise. Die Idee eines solar-wasserstoffgetriebenen Elektromobils ist Jahrzehnte alt. Deren nachhaltige(!) Umsetzung steckt jedoch noch in der Entwicklung bzw. in den Startlöchern fest.

> Wenn eine echte Vision vorhanden ist (im Gegensatz zu den allseits bekannten „Visions-Erklärungen"), wachsen die Menschen über sich selbst hinaus: Sie lernen aus eigenem Antrieb und nicht, weil man es ihnen aufträgt. (Senge 2011, S. 20)

> Gemeinsame Visionen mit Lernprozessen für mentale Modelle zu entwickeln ist eine neue Herausforderung für Führungskräfte!

5. Team-Lernen

Team-Lernen setzt die Fähigkeit der Mitglieder voraus, ihre eigenen Annahmen in den Hintergrund zu rücken und ein gemeinsames Denken zu praktizieren, was Dialog genannt wird und in einem offenen Streitgespräch – zur Stärkung des Teams(!) – auch zum rationalen Diskurs im Habermas'schen Sinne führen kann.

Team-Lernen unterscheidet sich deutlich von den bekannten Diskussionen wie sie beispielsweise aktuell zur gegenwärtigen Migrationspolitik in Deutschland und der EU geführt werden. Hierbei spielen weniger nachhaltige Argumente eine Rolle, die zielorientiert abgewogen werden, als vielmehr machtvolle Begriffe und Verbalinjurien im politischen und gesellschaftlichen Streit.

Aus Team-Lernen entstehen demgegenüber neue Fertigkeiten oder Kompetenzen. „Nur wenn Teams lernfähig sind, kann die Organisation lernen" (Senge 2011, S. 21).

3.4   Fünf Standpunkte Aktiven Denkens

Die Harvard-Sozialpsychologin Ellen Jane Langer etablierte das sozialpsychologische Gestaltungskonzept von Achtsamkeit. In ihrem bekannten Buch „Mindfulness" (1989) entwickelt sie die Vorstellung von *Aktivem Denken*[2] – *Mindfulness* – schrittweise, während sie zunächst die Aspekte der *Gedankenlosigkeit* – *Mindlessness* – anschaut, um anschließend die Kehrseite, das Aktive Denken zu untersuchen.

Gedankenlosigkeit entwickelt sich aus routinierter Wiederholung und Gewöhnung und verfestigten Denk- und Wahrnehmungsweisen („premature cognitive commitment"). Fest verankerte Einstellungen (Mindsets) führen zu reflexartigen Handlungen, die zu einem Teil unseres täglichen Lebens geworden sind. Nach Langer ist „Gedankenlosigkeit […] der Versuch, Probleme von heute mit Lösungen von gestern anzugehen", wohingegen „Aktiv Denken heißt, sich den Anforderungen von heute zu stellen, um die Schwierigkeiten von morgen zu vermeiden" (Langer 1996, S. 286). Fünf Standpunkte zeigen das Wesen des Aktiven Denkens:

1. Bildung neuer Kategorien
2. Offen sein für neue Informationen
3. Mehr als nur ein Standpunkt
4. Kontrolle des Kontextes
5. Prozess geht über Ergebnis

1. Bildung neuer Kategorien

Während der Gedankenlosigkeit ist man gefangen im starren Kategoriendenken. Aktives Denken als Grundhaltung hingegen bedeutet die ständige Produktion neuer Kategorien, Begriffe und Sichtweisen (a. a. O., S. 121 f.). Erwachsenen widerstrebt es – ganz im Gegensatz zu der spielerischen Herangehensweise von Kindern – neue Kategorien zu bilden.

Wenn wir aktiv denkend neue Kategorien bilden, achten wir auf Veränderungen in Situationen und Kontexten und lassen alle möglichen Interpretationen offen. Unsere festen Einstellungen und gesicherten Vorahnungen ohne Kontext zu bemühen, würde feinere Unterschiede verdecken, was wiederum die unerträgliche Situation ganz anders bewerten würde.

---

[2] Langer setzt Aktives Denken mit Nachdenken, Achtsamkeit, Aufmerksamkeit, Aufgeschlossenheit oder geistiger Offenheit gleich.

So kann es nützlich für die Mitarbeiterführung des Personalchefs sein, wenn er „die Kategorien der Fähigkeiten seiner Mitarbeiter weiter zerlegt, um zu klarer umrissenen Unterscheidungen zu kommen" (a. a. O., S. 125).

2. *Offen sein für neue Informationen*

Einen gewissen Grad an Informationsverarbeitung setzt die Offenheit für neue Informationen voraus.

So kann eine Reizfolge von permanenten Wiederholungen gleicher Arbeitsschritte – Routine – unseren Wahrnehmungsapparat sehr schnell abschalten, weil er nichts Neues empfängt (a. a. O., S. 128). Auch werden von erfahrenen Mitarbeitern – oft als Selbstschutz und aus Angst vor dem Unbekannten – unkonventionelle Ideen jüngerer Mitarbeiter reflexartig durch „Todschlagargumente" gekontert, die der Richter Karl August Bettermann in den 1960 Jahren als die „Grundsätze unserer Verwaltung" definierte: „Das haben wir immer so gemacht", „Das haben wir noch nie gemacht" und „Da könnte ja jeder kommen".

Die aktive denkende Verarbeitung von stetig neuen Sinneswahrnehmungen zeigt sich am technischen Beispiel von inertial basierten Navigationssystemen in Flugzeugen. Auf Grundlage von gemessenen physikalischen Parametern wird laufend die räumliche Bewegung des Flugzeugs ermittelt, um daraus die jeweilige geografische Position abzuleiten. „Unser Denken neigt jedoch dazu, kleine, widersprüchliche Signale auszublenden" (a. a. O., S. 128 f.). Aktives Denken kann dabei helfen, veränderte Signale aktiv zu verarbeiten.

3. *Mehr als nur ein Standpunkt*

Dass es sinnvoll ist, unterschiedliche Standpunkte in Bezug auf ein und dieselbe Situation einzunehmen, sagt uns eigentlich der gesunde Menschenverstand. (Abb. 3.2 und 3.3). Dieser drückt sich auch durch die Einsicht aus: „Vier Augen sehen mehr als zwei." So kann letztlich auch jede einzelne Geste, Bemerkung oder Interaktion potenziell auf mindestens zweierlei Weise wirkend interpretiert werden, je nach Standpunkt[3, 4] (a. a. O., S. 12 f.).

Ein Beispiel zweier Standpunkte zu einem Objekt, das mit hohem gesellschaftliches Konfliktpotential aufgeladen ist, zeigt die Diskussion um die Nutzung von aus

---

[3] Für den Deutungsspielraum gilt: Je mehr Beobachter, desto mehr Interpretationen sind möglich!

[4] Auf den Mathematiker David Hilbert geht der mahnende Aphorismus zurück, wonach der Horizont der meisten Menschen ein Kreis mit dem Radius null sei – den diese dann ihren Standpunkt nennen.

Raps, Palmöl oder Soja verarbeiteten „Biosprit", der einerseits als Rohstoff für menschliche Nahrung, andererseits als Treibstoff für PKW genutzt werden kann. Indem wir unterschiedliche Perspektiven zulassen, erhalten wir buchstäblich mehr Möglichkeiten, zu reagieren (a. a. O., S. 137) und uns ein fundiertes Urteil zu bilden (s. dazu: Abschn. 2.3.1).

4. Kontrolle des Kontexts

Wir bilden feste Einstellungen, sogenannte *Mindsets* aus, an die wir uns klammern, wenn wir abermals darauf treffen (a. a. O., S. 47).

Eine prägnante Einstellung ist sicherlich, das Krankenhaus mit Unwohlsein, Schmerzen und Krankheit zu verknüpfen. So scheint sich eine Vielzahl von Gesundheitsproblemen vor allem bei älteren Menschen während oder nach einem Krankenhausaufenthalt zu entwickeln und damit auch abhängig vom Kontext der entsprechenden Krankenhausbedingungen zu sein (Krumholz 2013, S. 100 f.).

Aktives Denken kann Kontexte verändern, sodass beispielsweise Krankenhäuser in einem positiveren Kontext erfahrbar werden und Patienten zu einer schnelleren Genesung verhelfen. Selbst scheinbar unabänderlich festgelegte Situationen können kontrolliert werden, wenn sie aktiv denkend betrachtet werden (Langer 1996, S. 142).

5. Prozess geht über Ergebnis

Das Festhalten an Ergebnissen von Prozessen kann gedankenlos machen. Aktives Denken wird im Umkehrschluss als Orientierung auf den Prozessablauf gesehen.

Die überlieferte Zen-Weisheit: „Der Weg ist das Ziel" besagt demnach: „Eine echte Prozessorientierung heißt auch, dass wir uns dessen bewusst sind, dass jedem Ergebnis ein Prozess vorausgeht" (a. a. O., S. 145).

Ihre eigene „Fitness" mit der ihrer Freunde z. B. ausschließlich nach den Ergebnissen eines Langlaufs oder Speerwurfs zu vergleichen, kann deprimierend sein – führt aber in die Irre, wenn nicht altersspezifische, erfahrungsbedingte und andere Prozesskriterien, die das Ergebnis direkt und indirekt beeinflussen, hinterfragt oder relativ gewichtet werden.

Zusammenfassend bleibt festzustellen: Für die Anwendung der 15 Prüfsteine auf Problemlösungen kann pauschal sicher nicht geurteilt werden, dass je mehr Prüfsteine auf einen Problemlösungsprozess wirken, umso „besser" sei die Zielannäherung oder Lösung.

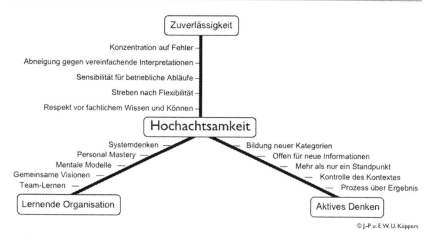

Abb. 3.4 Hochachtsamkeits-Qualitätskoordinaten

Abbildung 3.4 zeigt die symbolisch aufgespannten „Hochachtsamkeits-Qualitätskoordinaten" mit allen 15 Prüfsteinen.

Entscheidend ist, wie Prüfsteine – aus unterschiedlichen Perspektiven – miteinander harmonieren und den Lösungsprozess unter Nachhaltigkeitskriterien zum Ziel führen.

Daher unterstützen wir die These, dass der Einsatz und das „Leben" der vernetzten Prüfsteine ($P_{vernetzt}$) eine notwendige Bedingung dafür ist, den Prozess der Hochachtsamkeit in Zeiten zunehmender komplexer Umbrüche (HA) zu stärken, was sich in der symbolischen Qualitätsgleichung von $Q\_P_{vernetzt}$ impliziert Q_HA ausdrückt:

$$Q\_P_{vernetzt} \rightarrow Q\_HA$$

Schauplätze

4

Die folgenden Wirkungsnetze visualisieren Krisenlokalitäten in zwei unterschiedlichen gesellschaftlichen Umfeldern:

1. Gesellschaft und Soziales
2. Natur und Umwelt

Dynamische Wirkungsnetzabläufe beinhalten auch differenzierte Risikopotenziale. Gleichgerichtete Rückkopplungsschleifen zwischen zwei Einflussgrößen würden durch ihren „aufschaukelnden" Effekt sicher mit einer höheren Risikowahrscheinlichkeit auf einen Konflikt oder Folgekonflikte zusteuern, als es zwei Einflussgrößen mit entgegengesetzter Rückkopplungswirkung erwarten lassen, die eher dämpfend oder neutralisierend auf Konflikte wirken.

Das Beispiel ungebrochener Wachstumskreisläufe der Wirtschaft zeigt die eine konfliktreiche Seite, das Beispiel einer nachhaltigen, biologisch verträglichen Landwirtschaft die andere, konfliktärmere Seite.

Beurteilungen von Konflikt- bzw. Risikosituationen sind immer subjektiv. Bei ihrer Berechnung der Eintrittswahrscheinlichkeiten sollte stets ein gewisses Maß an Restunsicherheiten und Zufällen (unvorhersehbare Ereignisse) nicht unberücksichtigt bleiben. Zum Thema Risiko, die Reaktionen und Wahrnehmungen der Menschen auf riskante Situationen und der richtige Umgang mit ihnen, finden Sie bei Renn (2014, 2007) und Gigerenzer (2013) vertiefende Informationen.

Das Arbeiten mit Wirkungsnetzen ist für die breite Leserschaft ein nicht unbedingt gängiges Instrument. Hierzu finden Sie viele praxisbezogene Beispiele der Autoren (Küppers 2013a, b; Küppers und Küppers 2013a, b).

© Springer Fachmedien Wiesbaden 2016
J.-P. Küppers, E. W. U. Küppers, *Hochachtsamkeit*, essentials,
DOI 10.1007/978-3-658-11593-7_4

4.1   Krisenherde sind politische Handlungsfelder

Herausgelöst aus unserer komplexen Umwelt wollen wir zwei konkrete Handlungsfelder und ihre gesellschaftlichen Vernetzungen beispielhaft und praxisnah präsentieren und zugleich andeuten, *wo* und *wie* Prüfsteine der Achtsamkeit ihre Wirkung entfalten können.

Im Hinblick auf unser Postulat der Hochachtsamkeit argumentieren wir:

Ein Zuspätkommen des Nachdenkens über Hochachtsamkeit führt geradewegs in die zwei abgebildeten Zustände hoher Konflikt- und Zerstörungspotenziale – in den gesamtgesellschaftlichen Schlamassel. Rechtzeitige Prävention durch Prüfsteine der Hochachtsamkeit besitzt das nicht unerhebliche Potenzial der Problemvorbeugung und Folgenvermeidung durch systemstabilisierende Wirkungsbeziehungen. Hier schwingt deutlich der Gedanke Hanns Carl von Carlowitz hinsichtlich Nachhaltigkeit mit.

4.2   Ordnungssysteme sozialer Ungleichheit

Ein gut informierter Optimist muss heute mit Verblüffung feststellen, dass nicht alle den Bedarf an Gemeinwesenarbeit als eine öffentliche Tätigkeit im Sozialstaat erkennen und stattdessen möglichst „wenig Staat und niedrige Steuern" verlangen (Judt 2011, S. 20 ff.). Mehr noch, als eine beleidigende Farce ist: wie die Finanzbranche auf parasitäre Weise Gewinne aus ihren Geschäften privatisiert und Risiken sozialisiert (Alessandri und Haldane 2009). Die Ökonomin Mazzucato (2014) beschreibt diese Ungleichverteilung zwischen Risiko und Gewinn für den produzierenden Innovationsprozess, wonach auch Innovation und Ungleichheit Hand in Hand gehen können.

Die Vorstellung, man könne die zentrale Verantwortungsrolle des Staates kleinreden, geht an der Realität vorbei, vor allem, aber nicht nur, angesichts der gegenwärtigen Verfassung des sozialen Ordnungssystems.

„Mir erscheinen soziale Ordnungen als normalerweise fragil und prekär und unangenehme Überraschungen als jederzeit möglich", schreibt Wolfgang Streeck (2013, S. 8) im Vorwort seines Buches „Gekaufte Zeit"[1]. Die Folgen des neoliberalen Ordnungssystems sozialer Ungleichheit wurden derweil und zum Teil ideologisch durch politische Gesetzgebungsprozesse, Austeritätspolitik und EU-„Integrationsprozesse" weiter verschärft. (Kentikelenis et al. 2014; Stuckler und Basu 2013; Blyth 2013; Kentikelenis et al. 2011). Verteilungsfehler des Steuer-

---

[1] Der Soziologe Streeck beschreibt darin die historische Entwicklung des neoliberalen Transformationsprozesses seit den 1970er Jahren und seiner gegenwärtigen Verhältnisse vom veränderten Bedeutungsgehaltes demokratischer Prozesse in der laufenden Finanz-, Wirtschafts- und Staatsschuldenkrise.

und Sozialsystems lassen sich freilich auch für Deutschland bestimmen (Borchert 2013; Butterwegge 2009; Hradil 2001).

Symbolerklärung und Erläuterung zu den Wirkungsnetzen in Abb. 4.1 und 4.4

Plus-Zeichen weisen auf *gleichgerichtete*, Minus-Zeichen auf *entgegenge-setzte* wenn…dann-Beziehungen (*Flussgrößen*) zwischen den „Einfluss-größen" (*Bestandsgrößen*) hin. Gleichgerichtete Beziehungen untermauern potentielle Krisenherde durch ein Aufschaukeln von Problemen, gegenläufige Beziehungen stabilisieren den Gesamtzusammenhang.

Durch Wirkungsnetze werden oft hochkomplexe Zusammenhänge möglichst realitätsnah erfasst und deren Wechselwirkungen nach Richtung, Stärke und Funktionalität qualitativ und quantitativ bestimmt. Sie sind ein Instrument für die Analyse gegebener Komplexität, an deren Erfassung und Bewertung linearkausale Lösungsstrategien scheitern.

Die beiden Wirkungsnetze zeigen prozessuale Verknüpfungen aus einem komplexen gesellschaftlich-sozialen und aus einem natürlichen evolutionären Umfeld. Es sind Ausschnitte aus der Wirklichkeit, die auch mit noch so präzisen Instrumenten nicht vollständig erfassbar sind.

Ausgewählte *Prüfsteine der Hochachtsamkeit* sind dort platziert, wo Kausalitäten zu aufschaukelnden Problemen führen können. Durch sie soll Einfluss genommen werden auf eine Problemdämpfung bzw. -vermeidung am Ort des Geschehens, der letztlich – durch die Folgeverknüpfungen – Auswirkungen auf eine Stabilität des Gesamtnetzwerkes erwarten lässt. Besonders erwähnenswert ist, dass *Prüfsteine der Hochachtsamkeit* mit dem Erwarteten und Unerwarteten rechnen!

Exemplarisch werden in diesem Wirkungsnetz – wie auch in dem folgenden – je zwei Prüfstein-Gruppen „Krisenlokalitäten" (entspricht den skizzierten Einflussgrößen im Wirkungsnetz) zugeordnet und deren problemvorbeugende Wirkung erläutert.

Bemüht man sich, die beispielhaft herausgegriffene Wirkungsnetz-Einflussgröße *Spannungsfeld privater Wohlstand und öffentliche Verwahrlosung* durch die ausgewählten Prüfsteine in seine Überlegungen zur Vorbeugung von Folgen sozialer Ungleichheit mit einzubeziehen, wird augenfällig, wie kleinmütig heutige Politiker agieren. Um es zuzuspitzen: Die Polarisierung von Arm und Reich ist zweifellos die falsche Strategie der Krisenlösung (Negt et al. 2015, S. 15).

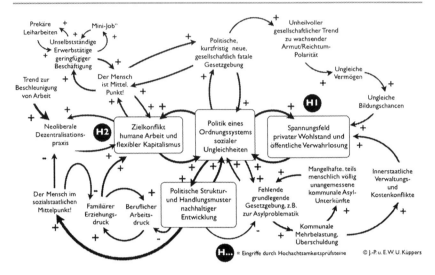

Abb. 4.1 Krisenvernetztes Wirkungsnetz sozialer Ungleichheit

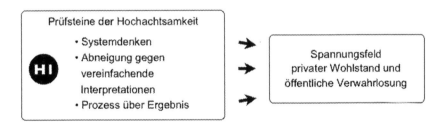

Abb. 4.2 Hochachtsame Eingriffe an Stelle H1 im Wirkungsnetz sozialer Ungleichheit

Keinen Ausweg aus der Situation dieser Polarisierung zu suchen, ist skandalös und ein folgenreicher Fehler!

Der Historiker Tony Judt beschreibt das hier aufgeführte Spannungsverhältnis und das abstruse Gesellschaftsbild wachsenden privaten Wohlstands und öffentlicher Verwahrlosung als „Symptome kollektiver Verarmung" (Judt 2011, S. 20 ff.), die allenthalben zu sehen sind und in erheblichem Maße die Sozialordnung prägen. Die Auswirkungen dieser zersetzenden Ungleichheit formulierte Judt deutlich anhand der ungleichen Einkommensverteilung:

> Je größer die Kluft zwischen den wenigen Reichen und den vielen Armen, desto größer die sozialen Probleme.

Abb. 4.3 Hochachtsame Eingriffe an Stelle H2 im Wirkungsnetz sozialer Ungleichheit

Eine ausführliche Darstellung, in welchem Maße sich soziale Ungleichheit auf den gesamtgesellschaftlichen Zustand auch vieler reicher Nationen auswirkt, findet sich im viel diskutierten Buch „Gleichheit ist Glück" (2009) der Epidemiologen Richard Wilkinson und Kate Pickett.

Ernüchternde Beispiele zur hartnäckigen Resistenz der Ungleichheitsstrukturen in Deutschland präsentiert der Historiker Hans-Ulrich Wehler (2013) nach Einkommen, Vermögen, Gesundheit und Krankheit, Wohnbedingungen, Bildungschancen usw. Außerdem ist die Auswirkung auf politische Partizipation sowie eine erhebliche Diskrepanz in der Partizipationsneigung zu sozialen Gruppen und die Beurteilung von politischen Institutionen und Politikern empirisch nachweisbar (Schäfer 2015; Linden und Thaa 2014; Abb. 4.3).

Ein weiteres und keineswegs neues Spannungsverhältnis aus dem politischen Ordnungssystem sozialer Ungleichheit ergibt sich aus der vertagten Situation um den globalisierten Zielkonflikt zwischen humaner Arbeit und flexiblem Kapitalismus. Die zunehmende Heterogenität der Beschäftigungsformen wurde schon Mitte der 1980er Jahren als Anzeichen einer tiefen „Krise der Arbeitsgesellschaft" ausgemacht (Gorz 1989; Offe 1984).

Auf Grundlage einer kritischen Gesellschaftsanalyse steht der Begriff der „Prekarität" im Zentrum dieses Zielkonfliktes (Castel und Dörre 2009). Die Prekarität – französisch précarité = Unsicherheit, Ungewissheit – hat ihren Ausgangspunkt in der Arbeitswelt. Doch wie lässt sich diese soziale Frage durch hochachtsame Korrektive gesellschaftspolitisch heute entschärfen?

Die Dominanz des Hochachtsamkeits-Prüfsteins – Systemdenken – wird auch anhand des intensivierten Wettbewerbs ums Kapital klar und unter der viel zitierten neoliberal geprägten „Globalisierung" in seinen Auswirkungen deutlicher verstehbar. Weder die Konsequenzen der TINA-Politik (*There Is No Alternative*) der Globalisierung, eine unvermeidliche Liberalisierung zur Erhöhung der Wettbewerbsfähigkeit der Marktteilnehmer, noch die viel beschworene „flexible" Beschäftigung jedweder Art haben grundlegende Probleme der Arbeitsmärkte nachhaltig lösen können. Tatsächlich bleibt der politische Erfolg der Bekämpfung der Arbeitslosig-keit, der Prekarität und der Diskontinuität der Erwerbsarbeit gering, wie aktuelle Studien dokumentieren (ILO 2015; Destatis 2013).

Die sich gegenwärtig ausbreitende soziale Verunsicherung – in Lebens- und Arbeitsverhältnissen ohne soziale Absicherung – beschreibt der Soziologe Ri-chard Sennett als „[...] gewolltes Element der Bürokratie neuen Stils" (Sennett 2005, S. 149), deren neue flexible Strukturierung der Zeit bzw. Fragmentierung von Arbeitsabläufen auch zerstörende Auswirkungen auf die Charakterbildung ha-ben kann, wie der amerikanische Ursprungstitel seines Werks „The Corrosion of Character" (1998) ankündigt. Aspekte von ausgegliederten Arbeitsprozessen „Out-sourcing" und omnipräsentem Wettbewerbsdruck setzen den Arbeitnehmern zu.

Für den französischen Soziologen Pierre Bourdieu[2] ist Prekarität allgegenwärtig und hat direkte Auswirkungen auf die davon Betroffenen sowie indirekte Folgen für alle anderen (Bude 2008, S. 118; Bourdieu 1998, S. 98f.). Diese sichtbaren Zeichen eines schleichenden und inhumanen Wandels lösen diffuse Ansteckungsängste bis in die Mitte der Gesellschaft aus, selbst den Job zu verlieren oder der Nächste zu sein.

Ein Paradox ist, dass die Verarmung in vielen Bereichen, eingeschränkte Le-benslagen infolge von Arbeitslosigkeit und prekären Arbeitsverhältnissen ver-armter Menschen, der sogenannten Klasse der „Working Poor", im skandalösen Widerspruch zur exorbitant steigenden Kapitalakkumulation eines ausschweifend reichen Teils der Gesellschaft stehen.

Die hier erwähnten Zusammenhänge zwischen ökonomischer und sozialer Re-produktion – H2-Prüfstein *Sensibilität für betriebliche Abläufe* – sind nicht nur mit dem materiellen Auskommen und persönlichen Wohlbefinden im Sinne von Le-bensqualität, die einen bestimmten Lebensstandard sichert und neue Erwartungs-horizonte eröffnet, verbunden. Sie tragen auch zur Identitätsbildung, vielfältigen Formen der Selbstachtung, des Selbstwertgefühls und sozialer Anerkennung bei.

Die H2-Prüfsteine *Mehr als nur ein Standpunkt* und *Bildung neuer Kategorien* müssen zunächst das unangemessen starre Kategoriensystem (Arbeit = Wertig-keit; Arbeitslosigkeit = Nutzlosigkeit usw.) durchbrechen, um Arbeitslosigkeit als Eigenschaft der Gesellschaft ganzheitlich erschließen zu können. (Küppers 2014).

Das aufgespannte Wirkungsnetz sozialer Ungleichheit besitzt eine Vielzahl von hochachtsamen Eingriffen, die ein problemvorbeugendes Ganzes fördern können. Je mehr wir uns der Schwelle nähern, an der kurzfristige Reparaturmaßnahmen die soziale Aufrechterhaltung einer Gesellschaft gefährden, umso intensiver müssen(!) wir uns dem ganzheitlichen Systemgedanken der Hochachtsamkeit widmen, so wie er hier verstanden wird.

---

[2] Bourdieu hielt seinen Vortrag während der „Recontres européennes contre la précarité" in Grenoble am 12.–13. Dezember 1997.

4.3 Zerstörung der natürlichen Lebensgrundlage

Der Mensch hat die Fähigkeit,
vorauszublicken und vorzusorgen, verloren.
Er wird am Ende die Erde zerstören.
Albert Schweitzer

Der stumme Frühling[3], den die Biologin Rachel Carson 1962 in einem aufrüttelnden Buch beschrieb, ist – Gott sei Dank! – nicht eingetreten. In Grünanlagen, Gärten, Feldern und Wäldern hören wir Amsel, Mönchsgrasmücke, Elster, Goldammer und Meise ihre Lieder trällern. Die natürlichen Nahrungsketten scheinen zu funktionieren, größere Umweltkatastrophen spielen sich weit entfernt von unserem europäischen Blickfeld ab und tangieren uns nicht besonders, höchstens in den Abendnachrichten. Die Natur scheint 2015 – im Großen und Ganzen – in Ordnung zu sein. Ist sie es wirklich?

Das Chemieunglück im indischen Bhopal 1984 und der Kernreaktor-GAU (*G*rößter *A*nzunehmender *U*nfall) in Tschernobyl 1986 sind längst aus dem Sinn. Das Fukushima-Kernreaktorunglück 2011 in Japan ist kaum mehr eine Nachricht wert. Die zunehmende Meeresverseuchung durch Plastikpartikel, exzessive Waldrodungen in Südamerika, Asien, auch in Osteuropa sowie viele mittlere und kleinere Natur- und Umweltzerstörungen, von denen wir nichts oder nur wenig erfahren oder die wir mehr oder weniger teilnahmslos zur Kenntnis nehmen, zeigen nur eines:

Der menschengesteuerte und schleichende Fortgang der Natur- und Umweltzerstörung ist in vollem Gang! Das sogenannte „Hintergrundaussterben" in der „Sechsten Periode"[4] wird maßgeblich praktiziert durch uns selbst! Die Strategie der evolutionären Natur hat vermutlich kein Problem, auch das kommende Massensterben zu überwinden und neues Leben zu erzeugen. Mit unseren eigenen evolutionären Überlebensstrategien und den begleitenden technischen, wirtschaftlichen und sozialen Fortschritten werden wir höchste Anstrengungen vollziehen müssen, als invasive Menschen mit ausgeprägtem kurzfristigen Denken den gegenwärtigen Pfad stark eingegrenzter Entwicklung zu verlassen und uns einem generellen und spezifischen

---

[3] Rachel Carson schrieb 1962 das Buch „Silent Spring". Es thematisierte – nach einem Märchen – den Vorgang schleichender Zerstörung einer einstmals blühenden Stadt durch die Folgen des unkontrollierten Einsatzes von Pestiziden und Insektiziden, die letztlich auch – durch die natürlichen Nahrungsketten – zum Verstummen der Vögel im Frühling führte.

[4] Fünf große Massensterben (Massenextinktionen) auf der Erde haben wir hinter uns. Das kommende sechste Massensterben unterscheidet sich von den vorhergehenden durch die kaum zu leugnende Ursache „Mensch". Siehe hierzu Elisabeth Kolbert (2015): Das 6. Sterben. Berlin: Suhrkamp.

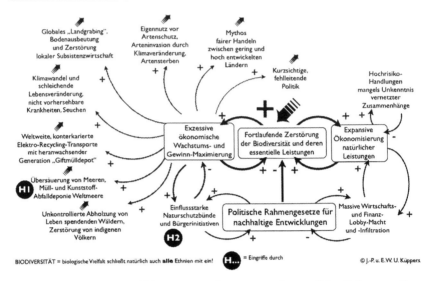

Abb. 4.4 Krisenvernetztes Wirkungsnetz von Zerstörungen der natürlichen Lebensgrundlage

Fortschritt auf der Grundlage nachhaltiger ganzheitlicher Perspektiven zu öffnen. Die Natur ist kein Spielball für Einzelne! Sie ist essentieller Lebenserhalt für alle! In diesem Sinn soll sie genutzt und sollen ihre Regeln befolgt werden.

Die Verletzlichkeit – Vulnerabilität – der vielfach unsichtbaren und unerkannten, perfekt ausbalancierten Wirkungsnetze in der Natur zeigt sich oft erst zeitversetzt, über menschliche Generationen hinweg.

>   Verletzlichkeit wird zu einem Schlüsselbegriff nachhaltiger Strategien der Menschen im Umgang mit der Natur im 21. Jahrhundert.

Sie setzt jedoch ein Denken in vernetzten Zusammenhängen voraus. Erst dadurch werden wir befähigt, die wahren Werte der exzellenten Naturleistungen – wenn auch nur grob – zu interpretieren. Hier schließt sich der Kreis zum zentralen Hochachtsamkeitsprüfstein Systemdenken. Für tiefergehende Einblicke in diese Materie werden u. a. folgende Quellen empfohlen: Binder 2013; Grunewald 2013; Randers 2012; Fussler 1999; Pauli 1998; v. Weizsäcker 1989 (Abb. 4.4 und 4.5).

Das Problemumfeld der dargestellten Wirkungsnetz-Einflussgrößen ist global! – *Systemdenken*. Seine ursächlichen Impulse, die zu erdweiten und somit existenziellen Bedrohungen für das Leben im Wasser führen, aber auch, für das Medium

Prüfsteine der Hochachtsamkeit

- Systemdenken
- Sensibilität für betriebliche
  Abläufe
- Konzentration auf Fehler
- Prozess geht über Ergebnis

Übersäuerung von Meeren,
Müll- und
Kunststoff-Abfalldeponie
Weltmeere

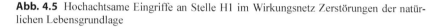

Abb. 4.5 Hochachtsame Eingriffe an Stelle H1 im Wirkungsnetz Zerstörungen der natürlichen Lebensgrundlage

Wasser selbst mit seiner globalen Bedeutung für natürliche Stoffkreisläufe, Meeresströmungen, Gütertransporte u. v. m. gefährlich werden, sind jedoch eindeutig lokaler Natur. Es sind durch uns selbst hausgemachte Problemimpulse in der Verarbeitung und Entsorgung von Stoffen, wie z. B. tausende verschiedene Kunststoffmoleküle mit teils hochtoxischen und persistenten Eigenschaften, chemisch hochgiftige Reinigungsflüssigkeiten oder achtlos entsorgter Zivilisationsmüll auf teils tausende Kilometer langen Transportwegen über den Erdball. – *Sensibilität für betriebliche Abläufe.*

Noch so viele nationale und internationale Gesetze zum Schutz(?) der Umwelt und Natur haben es nicht vermocht, den generellen Trend der Naturzerstörung zu stoppen. Die Verpackungswirtschaft hatte beispielsweise ein rohstoff- und abfallsparendes Mehrweg-System für Verpackungen auf den Weg gebracht (siehe Deutsche Verpackungsverordnung VerpackV aus 1991 und folgende Änderungen). Jedoch unterlaufen umstrittene Regeln wie z. B. Dosenpfad auf Einwegverpackungen, länderspezifische „dosenfreie Zonen", spezielle Glasflaschenkörper, die sich einem normierten Mehrweg-Rückholsystem entziehen, geschickt diesen nachhaltigen Ansatz. – *Konzentration auf Fehler.* Hinzu kommt, dass konkurrierende Unternehmen die Rückholtransporte von Verpackungen bzw. die Entsorgung von Einwegverpackungen verbissen nach rein ökonomischen Zielen verfolgen. – *Prozess geht über Ergebnis* (Abb. 4.5).

Die Verknüpfung dieser Einflussgröße mit gewählten politischen, wirtschaftlichen und anderen Entscheidungsträgern unserer Gesellschaft bedarf weit stärkerer Bindungen, als sie es gegenwärtig erkennen lassen. – *Systemdenken.* Wenn die natürliche Lebensgrundlage auf dem Spiel steht, fordert der gesunde Menschenverstand weit mehr systemische Kooperation und praktikable Lösungen als Sonntagsreden und die Erfindung neuer Schlagworte von Politikern. Begriffe wie „Dekarbonisierung" zu kreieren ist das Eine. Die damit verbundenen Prozesse durchzuführen, konsequent zu kontrollieren und gegebenenfalls bei Fehlverhalten empfindlich zu bestrafen, wäre das logisch Andere. Zurzeit werden aber selbst minimale Strafen für langlebige umweltbelastende Kohlekraftwerke blockiert, deut-

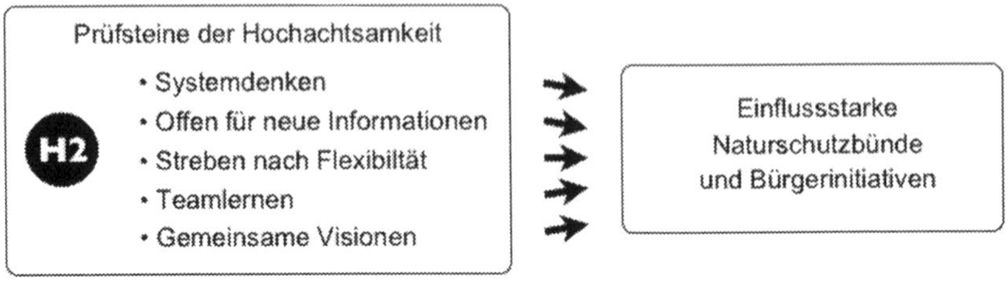

Prüfsteine der Hochachtsamkeit

H2

• Systemdenken
• Offen für neue Informationen
• Streben nach Flexibiltät
• Teamlernen
• Gemeinsame Visionen

Einflussstarke
Naturschutzbünde
und Bürgerinitiativen

Abb. 4.6 Hochachtsame Eingriffe an Stelle H2 im Wirkungsnetz Zerstörungen der natürlichen Lebensgrundlage

lich umweltschonendere neue Gaskraftwerke nicht gebaut, ganz zu schweigen von einem noch umweltschonenderen systematischen Einsatz kraftwärmegekoppelter Energiewandlung. – *Streben nach Flexibilität, Offen für neue Informationen.*

Einflussreiche Nichtregierungsorganisationen – NGOs – zeigen ihr fundiertes, oftmals praxisnäheres Fachwissen, als Politiker es oft besitzen können, außer bei Energiethemen in vielen anderen gesellschaftlichen Bereichen. Sie im Beteiligungsverfahren mit anderen Gestaltungskräften, wie Politikern, Bürgern und Industriellen in einen wertfreien diskursiven Verständigungsprozess zu bringen, würde die Prüfsteine *Team-Lernen* und *Gemeinsame Visionen* mit Leben füllen (Abb. 4.6).

Was spricht unter dem Blickwinkel des Schutzes unser aller Lebensgrundlage dagegen, wenn kontrollierte regulative Entscheidungsebenen unter Beteiligung betroffener Bevölkerungsgruppen gemeinsame Visionen und Praxispfade für die vernetzten Problemfelder in Abb. 4.4 – und darüber hinaus – im Vorfeld gesetzgebender Maßnahmen – verbindlich(!) entwickeln und mithelfen, diese im Sinne einer nachhaltigen Zukunft zu realisieren?

Dies ist durchaus eine gerechte und berechtigte Forderung nach einer gesellschaftlichen verbindlichen Mitsprache in komplexen Themenfeldern. Die Politik setzt letztlich den Handlungsrahmen durch Gesetze. Diese sind aber längst – durch die wirtschaftliche Globalisierung – über nationale Landesgrenzen hinweg für Transnationale Konzerne – (TNC) – unbedeutend geworden.

Hier wird der beträchtliche Mangel an werthaltiger Verantwortung für die Bürger eines demokratischen Gemeinwesens in vielen national- und international-politischen Entscheidungsprozessen überdeutlich. Immer noch befinden wir uns auf einem Weg, auf dem es nicht möglich zu sein scheint, unfähige Politiker loszuwerden: „Wie können wir politische Institutionen so organisieren, dass es schlechten oder inkompetenten Herrschern unmöglich ist, allzugroßen Schaden anzurichten?" (Popper 1980, S. 170). Die Aussage des Philosophen Sir Karl Popper lebt weiterhin fort.

Reflexionen

Unser Streifzug durch die Dimensionen von Hochachtsamkeit ist beendet, ohne jedoch das Ziel erreicht zu haben. Zwei herausgestellte Wirkungsnetze hoher Brisanz und zugleich großer Herausforderung, Probleme nachhaltig und fehlertolerant zu lösen, stehen am Anfang einer hochachtsamen Entwicklungsstrategie. Die eigentliche Arbeit beginnt aber erst jetzt. Hochachtsam sein ist und bleibt für jeden Einzelnen eine Lebensaufgabe. Können wir Hochachtsamkeit – eventuell in einem Leitgedanken – kurz und knapp bestimmen? Vielleicht auf diese Weise:

> ▶ Hochachtsamkeit ist das Produkt aus Orientierung gebenden Wissenszusammenhängen und gesundem Menschenverstand!

Das trifft ganz besonders in unserer heutigen Zeit fortschreitender Globalisierung zu, in der das ungeschriebene Gesetz des Handelns zu lauten scheint: Schnelligkeit geht vor Gewissenhaftigkeit(!) – ungeachtet zu erwartender Folgeprobleme.

Für den gesunden Menschenverstand entstehen mitunter unglaubliche Widersprüche, wie die zwischen wissenschaftlichen Erkenntnissen und parteipolitischen Grundsätzen. Wenn wissenschaftlich fundierte, anwendbare Forschungsergebnisse mit Machtkämpfen um Wählerstimmen konkurrieren, sind erhebliche Zweifel an der Fähigkeit des Regierens angebracht. Wie ist dieses politische Ungleichgewicht zu vermeiden?

Hochachtsame Prozesse folgen letztlich einer nachhaltigen Fortentwicklung von gesellschaftlichen Zielen. Politische Funktionseliten besitzen darin nach Meinung der Autoren unzweifelhaft eine herausgehobene Stellung, nicht zuletzt deshalb, weil sie als gewählte Vertreter des Souveräns den Auftrag haben, die Bürger vor Schaden zu schützen. Hochachtsamkeit als Mediations- und Frühwarnsystem für die Bewältigung von hochgradig vernetzten Problemzusammenhängen bzw. systemischen Risiken (Renn et al. 2007, S. 176) ist dafür ein Wert an sich.

© Springer Fachmedien Wiesbaden 2016
J.-P. Küppers, E. W. U. Küppers, *Hochachtsamkeit*, essentials,
DOI 10.1007/978-3-658-11593-7_5

Unsere Vorstellung davon, in welchen Zeiten wir leben und wie es in Zukunft weitergehen wird, hat der Historiker Reinhart Koselleck (1985) im Begriffspaar von *Erfahrungsraum und Erwartungshorizont* semantisch zu fassen versucht. Hochachtsamkeit kann uns helfen, aus dem bestehenden Erfahrungsraum auszubrechen und einen wahrhaft nachhaltigen Erwartungshorizont zu erblicken.

Vergleichbar mit dem Förster im Hochstand, der das Treiben der Tiere aus einer gegenüber der Ebene herausgehobenen Position, quasi vor einem erweiterten Horizont, beobachtet, sollten und müssen wir unsere Orientierung auf Probleme und deren Lösungen hochachtsam pflegen. – Nicht statisch, sondern mit Blick auf den permanent stattfindenden Wandel um uns.

Was Sie aus diesem Essential mitnehmen können

- Hochachtsam sein ist als eine Lebensaufgabe für jeden von uns zu verstehen.
- Komplexität annehmen, auch wenn es mit einem Mehr an Energie verbunden ist.
- Kurzsichtige Strategien unterliegen langfristigen Strategien zur Problemlösung in komplexer Umwelt.
- Sie durchdringen bestimmte Verhaltens- und Denkweisen in organisationalen Prozessen besser, weil Sie insbesondere über das *Wie* und weniger über das *Was* nachdenken.
- In der Politik führt „Ressort- oder Schubladendenken" selten zu nach- und werthaltigen Lösungen. Problemangepasste Strategien, die konsequent die gesellschaftliche Realität vor die politische Eigenwelt stellen, wären ein Qualitätsmerkmal für Hochachtsamkeit in institutionellen und politischen Handlungsräumen.

© Springer Fachmedien Wiesbaden 2016
J.-P. Küppers, E. W. U. Küppers, *Hochachtsamkeit*, essentials,
DOI 10.1007/978-3-658-11593-7

Literatur

Alessandri, Piergiorgio; Haldane, Andrew G. 2009. Banking on the state. Bank of England, November.

Baecker, Dirk. 1994. *Postheroisches Management. Ein Vademecum.* Berlin: Merve Verlag.

Becke, Guido; Behrens, Miriam; Bleses, Peter; Meyerhuber, Sylke; Schmidt, Sandra. 2013. *Organisationale Achtsamkeit: Veränderungen nachhaltig gestalten.* Stuttgart: Schäffer-Poeschel.

Binder, Ursula. 2013. *Nachhaltige Unternehmensführung.* Freiburg im Breisgau: Haufe.

Blyth, Mark. 2013. *Austerity. The history of a dangerous idea.* Oxford: Oxford University Press.

Borchert, Jürgen. 2013. *Sozialstaatsdämmerung.* München: Riemann.

Bourdieu, Pierre. 1998. Prekarität ist überall. In *Gegenfeuer. Wortmeldungen im Dienste des Widerstands gegen die neoliberale Invasion,* 96–102. Konstanz: UVK.

Bude, Heinz. 2008. *Die Ausgeschlossenen. Das Ende vom Traum einer gerechten Gesellschaft.* München: Hanser Verlag.

Butterwegge, Christoph. 2009. *Armut in einem reichen Land. Wie das Problem verharmlost und verdrängt wird.* Frankfurt a. M.: Campus.

Castel, Robert; Dörre, Klaus, Hrsg. 2009. *Prekarität, Abstieg, Ausgrenzung. Die soziale Frage am Beginn des 21. Jahrhunderts.* Frankfurt a. M.: Campus.

Costello, Mark J., et al. 2013. Can we name Earth's species before they go extinct? *Science* 339 (6118): 413–416.

Dahrendorf, Ralf. 2002. *Die Krisen der Demokratie. Ein Gespräch.* München: C. H. Beck.

de Rosnay, Joel. 1979. *Das Makroskop: Systemdenken als Werkzeug der Ökogesellschaft.* Reinbek: Rowohlt.

Destatis. 2013. Datenreport 2013. Ein Sozialbericht für die Bundesrepublik Deutschland. Statistisches Bundesamt (Destatis), Wissenschaftszentrum Berlin für Sozialforschung (WZB), Deutsches Institut für Wirtschaftsforschung (DIW). www.bmas.de/DE/Service/Publikationen/a360-14-nationaler-sozialbericht-2014.html. Zugegriffen: 1. Aug. 2015.

Deutsch, Karl W. 1966. *Politische Kybernetik. Modelle und Perspektiven.* Rombach: Freiburg im Breisgau.

Enzensberger, Hans Magnus. 2009. *Fortuna und Kalkül. Zwei mathematische Belustigungen.* Frankfurt a. M.: Suhrkamp.

Fussler, Claude. 1999. *Öko-Innovation. Wie Unternehmen profitabel und umweltfreundlich sein können.* Leipzig: Hirzel.

© Springer Fachmedien Wiesbaden 2016
J.-P. Küppers, E. W. U. Küppers, *Hochachtsamkeit*, essentials,
DOI 10.1007/978-3-658-11593-7

50   Literatur

Gigerenzer, Gerd. 2013. *Risiko. Wie man die richtigen Entscheidungen trifft.* 2. Aufl. München: C. Bertelsmann.

Gleich, Michael, et al. 2000. *Life counts.* Berlin: Berlin Verlag.

Gorz, André. 1989. *Kritik der ökonomischen Vernunft. Sinnfragen am Ende der Arbeitsgesellschaft.* Berlin: Rotbuch.

Gruen, Arno. 2014. *Wider den Gehorsam.* Stuttgart: Klett-Cotta.

Grunewald, Karsten; Bastian, Olav. 2013. *Ökosystem-Dienstleistungen.* Berlin-Heidelberg: Springer Spektrum.

Haeckel, Ernst. 1866. *Generelle Morphologie.* Bd. 1, 286. Berlin: Georg Reimer.

Hanh, Thich Nhat. 2014. *Schritte der Achtsamkeit. Eine Reise an den Ursprung des Buddhismus. Neuauflage.* Freiburg im Breisgau: Herder.

Heidenreich, Thomas; Michalak, Johannes, Hrsg. 2009. *Achtsamkeit und Akzeptanz in der Psychotherapie. Ein Handbuch.* 3., überarbeitete und erweiterte Aufl. Tübingen: dgvt-Verlag.

Henderson, Hazel. 1999. Eine Welt, an der wir alle gewinnen. Thesen zum Aufbau kooperativer Strukturen in der Wirtschaft und Politik. In *Kooperation mit der Evolution. Das kreative Zusammenspiel zwischen Mensch und Kosmos,* Hrsg. Sauer-Sachtleben, 325–348. München: Diedrichs.

Hoornweg, Daniel, et al. 2013. Waste production must peak this century. *Nature* 502:615–617.

Hradil, Stefan. 2001. *Soziale Ungleich in Deutschland.* 8. Aufl. Wiesbaden: Springer.

ILO. 2015. *World employment social outlook. Trends 2015. International Labour Office.* Geneva: ILO.

Jaspers, Karl. 1960. *Die Atombombe und die Zukunft des Menschen.* München: Piper.

Judt, Tony. 2011. *Dem Land geht es schlecht.* München: Carl Hanser.

Kaban-Zinn, Jon. 2011. *Gesund durch Meditation. Full Catastrophe Living. Das vollständige Grundlagenwerk. Erste vollständige Ausgabe.* München: O. W. Barth Verlag.

Kastner, Heidi. 2014. *Wut. Plädoyer für ein verpöntes Gefühl.* Wien: Kremayr & Scheriau.

Kentikelenis, Alexander; Karanikolos, Marina; Papanicolas, Irene; Basu, Sanjay; McKee, Martin; Stuckler, David. 2011. Health effects of financial crisis: Omens of a Greek tragedy. The Lancet 378 (9801): 1457–1458.

Kentikelenis, Alexander; Karanikolos, Marina; Reeves, Aaron; McKee, Martin; Stuckler, David. 2014. Greece's health crisis: From austerity to denialism. *The Lancet* 383 (9918): 748–753.

Kleinbaum, Nancy H. 1989. *Dead poets society.* New York: Bantam Books.

Koselleck, Reinhart. 1985. „Erfahrungsraum" und „Erwartungshorizont" – zwei historische Kategorien. In *Vergangene Zukunft. Zur Semantik geschichtlicher Zeiten,* 4. Aufl., 349–375. Frankfurt a. M.: Suhrkamp.

Kroll, Andreas. 2013. *Computational intelligence.* München: Oldenbourg.

Krumholz, Harlan M. 2013. Post-hospital syndrome – An acquired, transient condition of generalized risk. *The New England Journal of Medicine* 368 (2): 100–102.

Küppers, E. W. Udo. 2008. Diskurs mit der Natur – Naturgesetze und Evolutionsprinzipien im Dienst nachhaltiger technisch-organisatorischer Prozesse. In *Bionicprocess – Bionik als Vorbild für die Gestaltung von Organisationsprozessen,* Hrsg. P. Reinauer, 141–168. Saarbrücken: VDM-Verlag Dr. Müller.

Küppers, E. W. Udo. 2013b. *Denken in Wirkungsnetzen.* Marburg: Tectum.

Küppers, E. W. Udo. 2015. *Systemische Bionik.* Wiesbaden: Springer Vieweg.

Küppers, E. W. Udo; Küppers, Jan-Philipp. 2013b. Ein Pakt für das Gemeinwesen. Über das vertagte vernetzte Denken in komplexen Räumen der Politik. *Zeitschrift für Politikberatung, ZPB,* Nr. 3–4, 177–183. Baden-Baden: Nomos.

Küppers, Jan-Philipp. 2013a. Die Jugend, die wir verloren haben. Über die Unzufriedenheit junger Menschen in Europa. *Sozial Extra* 37 (11–12): 15–19.

Küppers, Jan-Philipp. 2014. Resignation und Arbeitslosigkeit. Eine Gefahr für das demokratische Gemeinwesen. *Soziale Arbeit* 63 (4): 140–148.

Küppers, Jan-Philipp; Küppers, E. W. Udo. 2013a. Die Macht weißer Stimmzettel. Ein Gedankenspiel zur Bundestagswahl. *Zeitschrift für Politikberatung, ZPB,* Nr. 2:101–105.

Langer, Ellen J. 1996. *Fit im Kopf. Aktives Denken oder Wie wir geistig auf der Höhe bleiben. Großdruck.* Reinbek bei Hamburg: Rowohlt.

Langer, Ellen J. 2001. *Kluges Lernen. Sieben Kapitel über kreatives Denken und Handeln.* Reinbek bei Hamburg: Rowohlt.

Lewin, Roger. 1996. *Die Komplexitätstheorie. Wissenschaft nach der Chaosforschung.* München: Knaur.

Linden, Markus; Thaa, Winfried, Hrsg. 2014. *Ungleichheit und politische Repräsentation.* Baden-Baden: Nomos.

Lobenstein, Caterina. 2015. Verteiltes Land. *Die Zeit,* Nr. 22 vom 28. Mai 2015.

Luhmann, Niklas. 1987. *Soziale Systeme. Grundriß einer allgemeinen Theorie.* Frankfurt a. M.: Suhrkamp.

Luhmann, Niklas. 2009. *Vertrauen. Ein Mechanismus der Reduktion sozialer Komplexität.* 4. Aufl. Stuttgart: Lucius & Lucius.

Mainzer, Klaus. 2008. Komplexität. Paderborn: W. Fink.

Mazzucato, Mariana. 2014. *Das Kapital des Staates. Eine andere Geschichte von Innovation und Wachstum.* München: Kunstmann.

Meadows, H. Donella. 2010. *Die Grenzen des Denkens. Wie wir sie mit System erkennen und überwinden können.* München: Oekom.

Mitchell, Sandra. 2008. *Komplexitäten. Warum wir erst anfangen, die Welt zu verstehen.* Frankfurt a. M.: Suhrkamp.

Negt, Oskar. 2010. *Der Politische Mensch. Demokratie als Lebensform.* Göttingen: Steidl.

Negt, Oskar. 2014. *Philosophie des aufrechten Gangs. Streitschrift für eine neue Schule.* Göttingen: Steidl.

Negt, Oskar; Ostolski, Adam; Kehrbaum, Tom; Zeuner, Christine. 2015. *Stimmen für Europa. Ein Buch in sieben Sprachen.* Göttingen: Steidl.

Offe, Claus, Hrsg. 1984. *„Arbeitsgesellschaft". Strukturprobleme und Zukunftsperspektiven.* Frankfurt a. M.: Campus.

Pauli, Gunter. 1998. *Upcycling. Wirtschaften nach dem Vorbild der Natur für mehr Arbeitsplätze und eine saubere Umwelt.* München: Riemann.

PlasticsEurope. 2013. Final plastics, the facts, an analysis of European latest plastics production, demand and waste data, October.

Popper, Karl R. 1980. *Die offene Gesellschaft und ihre Feinde.* Bd. 1. Tübingen: J. C. B. Mohr.

Prigogine, Ilya; Nicols, Grégoire. 1967. On symmetry breaking instabilities in dissipative systems. *The Journal of Chemical Physics* 46:3542–3550.

Randers, Jørgen. 2012. 2052. *Der neue Bericht an den Club of Rome.* München: oekom.

Renn, Ortwin. 2014. *Das Risikoparadox. Warum wir uns vor dem Falschen fürchten.* 2. Aufl. Frankfurt a. M.: S. Fischer.

Renn, Ortwin; Schweizer, Pia-Johanna; Dreyer, Marion; Klinke, Andreas. 2007. *Risiko. Über den gesellschaftlichen Umgang mit Unsicherheit.* München: Oekom.

Reuß, Jürgen. 2014. Gleich kaputt. *Le Monde diplomatique:* Nr. 10588 (20): 1. 12.12.2014.

Roberts, Karlene H. 1989. New challenges in organizational research: High reliability organizations. *Industrial Crisis Quarterly* 3 (2): 111–125.

Rochlin, Gene I. 1993. Defining „High Reliability" organizations in pratice: A taxonomic prologue. In *New Challenges to Understanding Organizations*, Hrsg. Roberts, Karlene, 11–32. New York: Macmillan.

Sauer, Klaus Peter. 1998. Vorwort zur deutschen Ausgabe. In *Ökologie*, Hrsg. M. E. Begon, J. L. Harper, und C. R. Townsend. Heidelberg: Spektrum Akademischer Verlag.

Schäfer, Armin. 2015. *Der Verlust politischer Gleichheit. Warum die sinkende Wahlbeteiligung der Demokratie schadet*. Frankfurt a. M.: Campus.

Schulze, Gerhard. 2011. *Krisen. Das Alarmdilemma*. Frankfurt a. M.: S. Fischer.

Seeley, Thomas D. 2014. *Bienendemokratie. Wie Bienen kollektiv entscheiden und was wir davon lernen können*. Frankfurt a. M.: S. Fischer.

Senge, Peter. 2011. *Die Fünfte Disziplin, 11. Völlig überarbeitete und aktualisierte Ausgabe*. Stuttgart: Schäffer-Poeschel.

Senge, Peter, et al. 1996. *Das Fieldbook zur Fünften Disziplin*. Stuttgart: Klett-Cotta.

Sennett, Richard. 1998. *Der flexible Mensch. Die Kultur des neuen Kapitalismus*. Berlin: Berlin Verlag.

Sennett, Richard. 2005. *Die Kultur des neuen Kapitalismus*. Berlin: Berlin Verlag.

Streeck, Wolfgang. 2013. *Gekaufte Zeit. Die vertagte Krise des demokratischen Kapitalismus*. 4. Aufl. Berlin: Suhrkamp.

Strenger, Carlo. 2015. *Zivilisierte Verachtung. Eine Anleitung zur Verteidigung unserer Freiheit*. Berlin: Suhrkamp.

Stuckler, David; Basu, Sanjay. 2013. *The body economic. Why austerity kills. Recessions, budget battles, and the politics of life and death*. New York: Basic Books.

Süssmuth, Rita. 2015. *Das Gift des Politischen. Gedanken und Erinnerungen*. München: dtv.

Tucholsky, Kurt. 1984. *Mit 5 PS. Auswahl von 1924–1925*. Hrsg. von Roland Links. 5. Aufl. Reinbek bei Hamburg: Rowohlt.

Twain, Mark. 1894. Pudd'nhead Wilson, Kap. 15. Deutsch: Knallkopf Wilson. 2010. *Überarbeitete Neuausgabe der Übersetzung von Reinhild Böhnke*. Zürich: Manesse.

Vester, Frederic. 1984. *Neuland des Denkens, vom technokratischen zum kybernetischen Zeitalter*. München: dtv.

Vester, Frederic. 1991a. *Ballungsgebiete in der Krise*. München: dtv.

Vester, Frederic. 1991b. *Ausfahrt Zukunft Supplement*. München: Studiengruppe für Biologie und Umwelt GmbH.

Vester, Frederic. 2000. *Die Kunst vernetzt zu denken*. 3., durchgesehene Aufl. Stuttgart: DVA.

Wallace, David Foster. 2012. *Das hier ist Wasser/this is water*. Köln: Kiepenheuer & Witsch.

Wehler, Hans-Ulrich. 2013. *Die neue Umverteilung. Soziale Ungleichheit in Deutschland*. München: C. H. Beck.

Weick, Karl E.; Sutcliffe, Kathleen M. 2003. *Das unerwartete Managen*. Stuttgart: Klett-Cotta.

von Weizsäcker, Christine; von Weizsäcker, Ernst Ulrich. 1984. Fehlerfreundlichkeit. In *Offenheit-Zeitlichkeit-Komplexität: Zur Theorie der Offenen Systeme*, Hrsg. Klaus Kornwachs, 167–200. Frankfurt a. M.: Campus.

von Weizsäcker, Ernst Ulrich. 1989. *Erdpolitik, Ökologische Realpolitik an der Schwelle zum Jahrhundert der Umwelt*. Darmstadt: Wiss. Buchgesellschaft.

Wilkinson, Richard; Pickett, Kate. 2009. *Gleichheit ist Glück. Warum gerechte Gesellschaften für alle besser sind*. 2. Aufl. Berlin: Haffmans & Tolkemitt (bei Zweitausendeins).

Winkler, Heinrich August. 2015. Stunde der Vereinfacher. *Die Zeit*, Nr. 6 vom 5.2.2015, S. 1. http://www.zeit.de/2015/06/syriza-linkspopulisten-rechtspopulisten. Zugegriffen: 24. Juli 2015.

Sachverzeichnis

© Springer Fachmedien Wiesbaden 2016
J.-P. Küppers, E. W. U. Küppers, *Hochachtsamkeit*, essentials,
DOI 10.1007/978-3-658-11593-7

Printed in the United States
By Bookmasters